尽 善 尽 美 弗 求 弗 迪

华为精准管理丛书

华为执行力

（第二版）

钟金 孙科柳 刘佳明◎著

電子工業出版社
Publishing House of Electronics Industry
北京·BEIJING

内 容 简 介

本书按照提升组织执行力的严密逻辑，丝丝入扣地剖析了华为高效执行的管理细节和精神内核。本书通过对执行管理中的责任与担当、成果导向、流程与标准、目标管理、时间管理、员工指导、沟通协调、精细作业、过程管控、奖惩激励及问题管理这11个方面详细阐述了华为执行力系统。

本书可供人力资源工作者、一般管理者、工作人员阅读，也可作为企业内训、员工教育的培训教材。

图书在版编目（CIP）数据

华为执行力 / 钟金，孙科柳，刘佳明著. —2版. —北京：电子工业出版社，2018.4
（华为精准管理丛书）
ISBN 978-7-121-33775-8

Ⅰ. ①华… Ⅱ. ①钟… ②孙… ③刘… Ⅲ. ①通信－邮电企业－企业管理－深圳
Ⅳ. ①F632.765.3

中国版本图书馆CIP数据核字（2018）第037957号

责任编辑：王陶然
印　　刷：天津画中画印刷有限公司
装　　订：天津画中画印刷有限公司
出版发行：电子工业出版社
北京市海淀区万寿路173信箱　邮编 100036
开　　本：720×1000　1/16　印张：14.75　字数：265千字
版　　次：2014 年 9 月第 1 版
2018 年 4 月第 2 版
印　　次：2025 年 5 月第 23 次印刷
定　　价：55.00元

凡所购买电子工业出版社图书有缺损问题，请向购买书店调换。若书店售缺，请与本社发行部联系，联系及邮购电话：（010）88254888，88258888。
质量投诉请发邮件至zlts@phei.com.cn，盗版侵权举报请发邮件至dbqq@phei.com.cn。
本书咨询联系方式：（010）57565890，meidipub@phei.com.cn。

钟金　销售培训讲师。在华为、中兴有10多年工作经历，先后在全球技术服务部、政企网营销中心工作，担任过无线工程师、项目经理及销售总监等职。善于结合企业内部资源和外部合作伙伴资源推动品牌确立、渠道拓展、行业覆盖，以及产品销售等营销工作。在大项目运作和规范管理及大客户营销等诸多方面拥有丰富的辅导经验。

孙科柳　管理咨询顾问，产业研究员。拥有近20年外资企业经营管理、课题研究及咨询辅导经历。长期研究华为、麦肯锡、IBM等标杆企业，曾出版相关著作数十部，部分管理学著作曾被英国、韩国、印度，以及中国台湾等地引进。其作品入选2016年度“大众喜爱的50种图书”，其编写的《华为精准管理丛书》部分作品进入“一带一路”倡议的“丝路书香工程”，并被翻译为英语、印地语等在海外发行。

刘佳明　培训导师、企业培训服务商。湖南省企业培训师协会发起人、会长。曾先后任职于晟通科技、三一集团，从事人力资源管理、企业大学建设、内训辅导等工作。作为专业的省级培训师平台发起人、核心运营者，与来自丰田、华为、联想、三一重工等企业的众多优秀培训导师、咨询顾问有着深度合作，在企业大学建设、定制课程开发、职业技能训练、咨询辅导等方面有着丰富的操作经验。

前言

华为的成功是华为人在“以客户为中心”的指引下，勇于牺牲、敢于拼搏，以及持续艰苦奋斗的结果。我曾在华为公司供职多年，在一线实战中，积累了丰富的业务推进和销售管理经验。一路走来，感触颇深，尤其是华为内部的执行力。华为从无到有，从弱到强，再到业界的领路人，在一定程度上，都得益于高效的执行力。

许多企业想学习华为，学习它的企业文化，学习它的团队运作，学习它的高效执行，可是到头来总是与预期相差甚远。为此，我一直想将华为内部的这种高效执行文化写出来，以帮助更多的企业和个人。此次，应孙科柳老师的邀请，参与《华为执行力》一书的再版修订工作，这无疑帮助我实现了这一愿望。

谈到华为的执行文化，大家总说华为人如何狼性、如何强悍，并且希望自己企业的员工也能如此。这样的想法并不正确，其实华为人与其他企业的员工在本质上是一样的，他们拥有强大执行力的背后是由华为的组织管理模式决定的。在华为内部一直强调的，不是个人英雄主义，而是群体奋斗，并且以团队成功作为个体成功的基础和依据。华为的价值创造和价值评价也是沿着这条管理路线走的，所以只要华为人不偏离路线，必然会产生一加一大于二的执行效果。这是我们学习华为企业文化、学习华为执行力时一定要注意的地方。

企业最终拼的是组织层面的竞争力，而不是某一个人的力量。如何像华为一样打造基于群体奋斗的组织竞争力，如何让每一个人基于组织目标进行艰苦奋斗，这是我们学习华为的目标所在，也是本次修订内容的重点。我们以华为的执行文化作为参照，融合行动方案和精选案例，为读者系统解读华为以成果为导向的执行密码和高效执行背后的关键措施。希望众多管理人士能够从中学习到这方面的经验，以摆脱自己在管理上的困境，突破职业成长上的瓶颈。

为保持原书的整体逻辑，本次修订没有在结构上做太大的调整，只是重点对个别小节在设计上进行了调整，以使其清晰化，便于读者理解和思考。本书按照华为内部管理现状和执行管理逻辑，从责任与担当、成果导向、流程与标准、目标管理、时间管理、员工指导、沟通协调、精细作业、过程管控、奖惩激励及问题管理这11个方面详细阐述了华为的执行力系统。

本书第一版出版后受到了众多读者的喜爱，此次修订再版希望能够帮助更多的读者从中获取新的知识。我在为企业进行咨询培训服务的过程中，也在不断验证和灵活运用这些管理方法，并尽可能地将我的心得体会提供给各位读者朋友。

在本书的修订过程中，得到了众多管理同行及华为同人的帮助，在此一并表示感谢！同时，也要感谢读者多年来对本书的支持和喜爱！如果您发现书中不足之处，还请提出宝贵的意见和建议。

钟 金

目录

第 1 章　责任与担当

第 2 章　成果导向

第 3 章　流程与标准

第 4 章　目标管理

第 5 章　时间管理

第 6 章 员工指导

第 7 章 沟通协调

第 8 章 精细作业

第 9 章　过程管控

第 10 章　奖惩激励

第 11 章　问题管理

参考文献

第1章 责任与担当

这个时代最崇高的是责任心，最可贵的是蜡烛精神，照亮了公司、消耗了自己。华为今天市场这么好，是大批华为人用青春和心血铺就的。

任正非

这是我的责任

华为从通信设备领域的门外汉成长为世界巨头，靠的就是一批勇于承担责任的员工。在过去很长一段时间里，虽然华为人要面临巨大的竞争压力和恶劣的生存条件，每一步都走得异常艰难，但是任正非从不轻言“这不是我的问题”，华为的员工也从不轻言“这不是我的问题”，他们勇于承担责任的敬业精神成为华为走向成功的最大资本。

记得某一年，华为看好一家外国公司，准备把它买下来，公司便充分地授权给张平（化名）和他的团队。虽然公司很支持，内部讨论的结果也认为这项收购计划会对华为的发展有重大意义，但张平还是感觉到巨大的压力。毕竟，这是一个数百万美元的外汇支付项目。如果华为公司将来不能很好地消化，公司就不可能盈利，也就意味着这是一次失败的收购案。张平好几个晚上都睡不着。

这时，有人给张平提了一个建议，就是不要自己做决定，等公司高层下达命令后，自己只负责操作，那样即使真出了问题责任也不在自己。张平果断地否定了这个建议，他摇头说：“不行，如果连我这个业务部的负责人都不敢勇于承担责任，那么公司又怎么能够发展这一块业务，又怎能够对这样一个重大购买计划进行决策呢？”后来，他果断地承担起了这次收购案的主要责任，并成功地完成了收购。

事实上，这次风险投资最终为华为带来了很好的收益。原来那家企业的知识产权和技术骨干在很大程度上提升了华为产品设计的经验，让华为相应产品的开发时间一下子缩短了两年。

每个人都是团队重要的一分子，我们有义务和责任对自己所负责的业务领域承担风险。如果每个人都摆出一副事不关己的态度，胆小怕事，将责任推给上级或同事，那么这样的团队就会失去战斗力。在等待和犹豫不决中，员工个人也会错失很多的发展机会。因此，我们应该充分发挥敬业精神，热爱自己的工作，时刻保持积极进取的工作态度，就会有勇于承担责任的勇气。

在这一点上，华为人是我们学习的榜样。当他们遇到问题的时候，首先想到的不是逃避，而是反问自己："我们在等谁来帮助，为什么不自己行动？"这样的例子在华为数不胜数。

2014年，巴西代表处的法务经理Marcelo Pan荣获公司金牌个人奖。Marcelo Pan多元化的成长背景让他既拥有中国人艰苦奋斗的优秀品质，又拥有巴西人热情主动的性格。入职华为之后，从文档管理到与本地员工沟通，这些优势都凸显了出来。2012年，Marcelo Pan发现华为INSS退税项目存在问题。INSS属于社保税，由于多方面原因，巴西华为没有使用自己的INSS Credit来抵扣INSS，而是直接向税务局缴纳现金，相当于多交了大量税金。

Marcelo Pan发现这个问题后，主动承担起了退税的责任。但让税务局退回华为已缴纳的税金并不是一件容易的事。Marcelo Pan利用周末时间，在公司办公室翻遍了200多个装着文档的大纸箱，找出了150多份退税证据的文档。在Marcelo Pan的努力下，公司总计从税务局退回3000万美元的现金税款，大大改善了巴西子公司的现金流。这项工作并不是领导安排他去做的，也不是他分内的工作。但他说看着公司交了那么多"冤枉钱"很心疼，强烈的责任感让他站了出来。自2005年以来，他主动查漏补缺，发现多个税务筹划的机会点，并且协助相关部门推动落实。他做的这些工作让公司累计受益超过1亿美元，为公司业务增长贡献了重要力量。

正是许多像Marcelo Pan这样的华为人主动承担工作责任的敬业精神，汇聚成了华为强大的组织竞争力。

华为人不是圣人，他们也是平凡躯体。不同的是，他们有着对目标的执着和从骨子里散发出的敬业精神，这种精神给了华为人面对困难的勇气，也让他们在磨难中不断成长。

因此，当我们抱怨自己一事无成，或者在公司得不到成长机会时，我们应该想到，也许是自己缺乏对工作的专注和勇于承担责任的意识。在遇到困难时，我们总是习惯于推卸或者逃避责任，工作消极散漫，这种不负责任的工作态度只能让我们成为企业的边缘人物，阻碍我们的成长。

华为人给我们做出了榜样，也让我们明白：责任心是我们做好工作、成就事业的前提，是我们战胜工作中诸多困难的强大精神力量。

吴迪（化名）是一个细致、认真得有点“固执”的人，用同事的话来说，是个较真儿的人。吴迪每天的主要工作就是负责一级部门发文。当收到需要发布的文件后，她首先会细致地检查一遍，对所有不合乎规范的问题，小到页眉、行距、字体都要求改正。在负责手机话费对接工作时，吴迪会严格审核每一份单据上的姓名、工号等，那些想要投机取巧超额报销，或者报销金额与发票金额不一致的人都被一一揪了出来，并被要求重新填写。吴迪的这种敬业精神在一定程度上提高了工作效率（通常财务发现问题后还要修改），员工也能够早一点收到款项。

到了2005年，公司推行公文规范化，吴迪是第一个做到标准的人。为此，她还特意制定了IT各类公文模板作为参考。后来，吴迪发现那些经常拟制文件的同事并没有掌握规范化的运作，便自告奋勇组织规范培训并担任主讲。从此，她就多了一个“小吴老师”的称号。

很多人问她，有些工作完全可以睁一只眼闭一只眼，为什么要这么较真儿呢？吴迪却笑着说：“反正出了问题也是我的责任，我还不如兢兢业业地把它做好。这是我的工作，我有义务承担这份责任。”凭着对工作的执着和努力，吴迪获得了部门领导与同事的一致认可，很快就成了文员组组长。

在工作中，我们应该像吴迪一样，严格要求自己，专注于自己的工作，尽职尽责地把工作做好。我们应该认识到，“各人自扫门前雪”的做法不仅不会得到上级和同事的认可，还会影响自己职业生涯的发展。能够赢得他人尊重和信任的员工，往往是那些勇于承担责任的人。

正如任正非所说：“公司的员工是不是有责任心和使命感？如果没有责任心和使命感，就不能当干部。如果你觉得你还是有一点责任心和使命感的，赶快改进，否则最终还是要把你免下去。”我们应该从任正非的话中得到启发，培养主人翁意识，做一个敢作敢为的人。

忠于自己的岗位

有担当、敢于负责，并且忠于自己的职业、忠于自己的岗位的人永远是企业最宝贵的财富。

很多世界知名的企业家在被问到“员工最应该具备的品质是什么”时，他们无一例外地说出“忠诚”二字，比尔·盖茨更是把忠诚列为员工必须具备的美德的首位。而在世界的任何地方，那些敬业的人之所以被诗人赞美为“翠竹”，正是因为他们有着“咬定青山不放松”的敬业精神。

2014年4月8日到4月13日，客户杨波等一行人去深圳考察华为的新媒体展馆。陪同他们考察的是华为公司辽宁代表处的客户经理李玉，李玉与客户一见面就说：“到了华为，希望各位多提意见。”

一下飞机，微微的海风夹杂着绿树花草的清香扑面而来，沁人心脾，一路奔忙的疲劳感瞬间被吹散。杨波注意到，丰田商务车旁的司机一身职业装，打开车门说：“欢迎到华为来，请小心上车。”司机姜师傅是深圳本地人，在华为工作了17年。他总是将车擦得干干净净，一尘不染。在参观的过程中，杨波发现，每当上下车时，姜师傅都先把车门拉开，并面带微笑地说：“领导请上车，小心碰头。”路上，他不失时机地向杨波等人介绍华为人的工作和生活。每到一个地方参观，姜师傅都会提示大家到达的地点；每次吃饭，他都快速吃完，回到车上等候。华为司机规范明确要求司机着职业装，仪表整洁，车内要干净、空气清新。接待客户时，要早早打开车门，一手扶车门，一手扶车顶上沿，说：“您好！请当心。”他们不开快车，不猛踩刹车和油门，车速平稳，情绪平和。

一路参观下来，杨波觉得华为司机的职业素养非常高，并且对公司有极强的归属感，这让前来参观的一行人对华为的管理、文化感到钦佩。杨波认为，司机师傅们是华为精神的最佳宣传者和传播者。

华为的司机姜师傅出色的服务意识赢得了客户对华为的好感。虽然只是一名司机，但他能够忠于岗位，做好自己分内的事情。

“一分耕耘，一分收获”，正是对客户的忠诚，让华为人得到客户的尊重，华为公司也得以在客户心中留下较好的印象，让客户愿意跟他们做朋友，并继续合作下去。可见，忠于职守给企业带来的绝不仅仅是完成一份工作，还会带来更多的发展机会。

李秋丽1999年入职华为，成为华为全球支付中心的一名员工。十余年来，累计处理103.6万单，连续12年支付零差错。

2016年，李秋丽被公司评选为“支付工匠”。有人曾问她是怎么做到的，她回答说：“我们做的事也许很普通，但如果能够十年如一日坚持做好分内事，我想这不仅是对公司的一个交代，也是对自己内心的一个慰藉。”在她刚入职华为时，意气风发，自信满满，而一个月内连续出了两笔重大差错。然而，主管并没有批评她，而是给她指出问题所在。这让李秋丽意识到自己眼高手低，只是把工作当作一项任务匆匆完成，而不是作为自己的事业去用心追求。她感到很自责，也感谢主管的宽容。从那以后，她告诫自己，要干一行，爱一行，在哪里跌倒就在哪里爬起来，先把简单的事做好。每次支付前，她都会在付款凭证中圈出应核对的收付款关键信息，填写票据后再逐项检查一遍。利用闲暇时间，她会提前把付款要用到的合同、报关单、进账单等资料整理好，避免遇到紧急付款时出现手忙脚乱的情况。

2011年，李秋丽被安排到付款权签岗位，这是资金流出公司的最后一道关口。稍有差池，公司的钱就“溜”走了。压力很大，但她动力更大。她决心要做就做到最好。几十枚印章，颜色不一，材质不同，形状各异。当时没有人知道印章怎么用，只能靠她自己了。于是她上网去咨询、查阅相关资料，发现盖章看上去很简单，其实大有讲究。翻看了数天资料后，她开始练习盖章。但实践中发现，各类票据的盖章要求不尽相同。她把所有的要求默记于心，并完成盖章。在她看来，盖章不仅是个技术活，更考验人的意志力和反应力。付款高峰时期，她每天要盖章2000～3000个，基本每15秒钟就要盖一个章。如果好高骛远或是厌烦不已，肯定会错误百出。盖完章之后，她都会再复核一次，确保无差错。那些在流程上不属于她责任的单据，若是发现问题，她也会去追溯。正是她这种忠于职守、脚踏实地地把手边的事做好的态度和行为，曾为公司挽回了数百万美元的损失。

李秋丽之所以能够这么多年来始终如一地把工作做好，用她的话说，就是严格地遵从流程，并将高度的敬业精神投入到工作中去。这也印证了《穷爸爸富爸爸》的作者清崎先生说过的那句话：“既对企业忠诚，又对业绩保持敏感的员工，就是一个公司最大的财富。”

回顾华为公司的发展史，它之所以能够在短短的30年时间里，完成从一个小企业到国际大企业的飞跃，得力于一批又一批忠于职守的华为人。对待工作，他们总是抱着“人在阵地在”的决心，直到完成任务为止。他们的敬业精神给了他们克服困难的勇气，也让华为公司得到了客户的信任，从而在市场竞争中占据主动地位。

车栋（化名）是华为驻海外某地区的区域经理，主要负责该区域的站点整改与验收工作。工作还没开展多久，麻烦就来了：在整改期间，该区域大规模暴发了恐怖的埃博拉病毒，而车栋所在的站点正好分布在疫区。国际卫生组织紧急通知车栋的项目组和客户转移到安全的区域。车栋很犹豫，因为一旦转移，就要重新调整交付计划，也就意味着年底实现目标的计划要泡汤了。最后，车栋做了一个很冒险的决定，他说服客户，坚持待在原地继续进行整改和验收工作。

那时候，车栋所在的地区已经严重缺水，卫生条件也极差，就连基本的电力供应都跟不上。在长达3个月的时间里，车栋和他的兄弟们根本吃不上新鲜蔬菜，只能拿 FUFU（当地的一种食物）充饥。每个人的身体严重缺乏水分，皮肤干燥得都开裂了。但为了完成交付任务，大家互相鼓励，团结一致，每天都士气高涨。经过3个月不间断的整改和验收工作，该区域104个站点终于全部通过了PAC（预验收）。

同车栋一样，宋健平（化名）也是华为驻某国的区域经理。他所处的地理位置在三国交界，那里长期盘踞着军队，而且战乱不断。有一次，正当项目组的兄弟们紧张施工的时候，宋健平突然接到电话，说军队已攻入市区，要他带领兄弟们撤离到安全地带。宋健平立马组织项目组兄弟撤离到邻近的卢旺达。不过，人撤离了，站点的物料怎么安置？宋健平因为担心物料丢失，几天后又悄悄返回了站点清点物料。当他发现物料损失并不严重，不会影响工期后，才安心地回到了卢旺达。

在华为，这样的员工还有很多，他们是千千万万坚守在阵地上的华为人的代表。从他们身上可以看出，忠于职守不仅是一种高度的职业责任感，更要求员工敢于承担责任，拥有高度的敬业精神。华为人在如此艰苦的环境中，还能有“人在阵地在”的决心，这充分证明了他们发自内心的敬业精神，他们是华为公司宝贵的财富。

干一行，爱一行，专一行

在华为，内部管理被区分为以少数中高层为主的务虚领导班子和以管理基层为主的务实领导班子。任正非要求基层员工在工作中务实，能够从细微处入手，扎实做好基础工作。

在2016年6月3日的CCTV新闻联播上，任正非对广大电视观众发表讲话，他说：“中国现在又冒出来很多企业，其实也跟华为一样，也是专心致志做一件事的。一个人一辈子能做成一件事已经很不简单了，为什么？中国13亿人口，我们这几个把豆腐磨好，磨成好豆腐，你们那几个好好去发豆芽，把豆芽做好，我们13亿人每个人做好一件事，拼起来就是我们伟大的祖国。”可见，任正非十分重视华为人踏实的工作作风。

2014年6月，华为在国内众多报刊上刊登了半版广告，广告的图片内容是一位蓄着胡子、光脚穿着布鞋，看上去像个乡下人的老者。广告语只有一句：华为坚持什么精神？努力向李小文学习。华为此次斥巨资投放广告的目的，就是为了向李小文学习。李小文是谁？他为什么能够引起华为的高度重视？他是中国科学院院士，是地理学与遥感科学的泰斗。照片一经刊登，他就被网友们戏称为“扫地僧”“光脚院士”。李小文是一个纯粹的科研人，耐得住寂寞，守得住清贫。

此举意在向李小文学习，同时也是在告诫华为人，大时代下，千万不要做机会主义者，要坚守寂寞、回归理性，要发扬“板凳要坐十年冷”的艰苦奋斗精神。

随着华为取得一个又一个成就，那些刚进入华为的员工从不甘愿只当一个“兵”的低落情绪中走出来，将务实的思想深深地刻在心里，体现在行动中。他们逐渐认识到，但凡伟大的工作都是从平凡的点滴做起的，只有一步一个脚印，才能有所成就。

华为的流程专家邓晓（化名）被大家亲切地称为老邓。老邓在刚接触流程建设时总想着对流程进行大的革新，但他发现这几乎是不可能的，哪怕是一个小小的改动就会牵扯到不同部门的联络工作，更不用说其他方面了。因此，邓晓决定踏踏实实、一点一滴地从小的方面开始改善。

流程建设是一项长期工程，要持续进行很长时间才能看到成效，工作可以用枯燥无味来形容，还要抵制来自各方面的诱惑。它不像做交付项目那样，只要3～5年就能成为一流的专家了。但老邓坚持将事情做实做细，耐得住寂寞。经过10年的努力，他终于成为公司流程建设领域的专家。

邓晓长期坚持从点滴做起，最终成为流程专家。他对公司的价值不言而喻，一个小的流程改善可能就会为公司节约数百万元，甚至更多。

在华为人看来，这种精神是十分难得的，值得加倍珍惜。他们在工作中总是认真地做好每一件事，不管是大事还是小事。任正非也说过，华为人要专注于本职工作，干一行，爱一行，专一行。

如今，务实理念已经逐渐被越来越多的华为人所接受，并渗透于基层工作的方方面面，华为的财务、计划、设计、管理、认证等部门，正是凭借这股务实精神高效运作、配合得力的。任正非要求华为人以“平常心”专注于本职工作，干一行，爱一行，专一行。

有一次，任正非走到华为的一个实验室，与一位工作人员很随意地聊起来。任正非问道：“对老产品的不断优化和对新产品的开发，你更喜欢哪一行？”没想到，这个工作人员的答案令任正非很生气，他说：“我当然希望新东西越多越好，将来离开华为后，还好就业。”

任正非生气的原因并非是这位员工说要离开华为，而是这位员工对工作的态度。那些过分追求新事物，每样都只懂得一点儿的人，最终是不可能有所成就的。

在任正非看来，只有在自己很小的领域里，甘于寂寞、刻苦钻研，才能有利于核心竞争力的培养，才能有所成就。

华为工程热物理专家李泉明回忆说，他刚参加工作那会儿，CAD软件在国内还没有普及，所有的设计图都要手工绘制后再描图晒出形成纸质设计文档。因为他刚进入华为没多久，属于办公室新人，再加上他特别能吃苦，因此所有散热器设计图纸都安排给了他。那两年，他几乎天天趴在绘图板前绘图和描图，面对如此繁杂的工作，他知道抱怨并不能解决问题，反而会让自己变得更加消极。于是他一边努力完成自己的本职工作，一边学习机械知识。

正因为有那么一段艰苦的岁月，才让他在结构设计方面奠定了坚实的基础，为以后的工作提供了便利。1995年，设计研究所准备与IR（国际整流器公司）合资，要派几名工程师到美国学习，其中有一个结构工程师的名额，他击败了几个机械专业出身的工程师，得到了此次机会。

任正非强调，华为需要的是专家，而不是万金油式的通才。例如，焊接专家、插件专家、线缆及机框组装专家、包装专家、货运专家、仓库专家、打字专家等，这些各方面的专家组合在一起，才能成就一个极具战斗力的兵团。

拥有自信，才能担当

只要拥有自信，就能够击败恐惧。励志大师奥格·曼狄诺说：“每个人都是自然界最伟大的奇迹。”因此，只要我们勇敢地去面对困难，大多数的困难都会迎刃而解。

华为人就是最好的例子，他们就是在成长中不断建立自信的，对待困难也是从“逃避”到“琢磨”。

某系统联调阶段刚开始时，华为新员工李靖（化名）产生了一种很幼稚的想法：他总是希望问题能少一些。如果软件跑不通了、测试装备瘫痪了，他会习惯性地求助别人；如果得不到帮助，他就抱着“能躲就躲”的心态，对问题“睁一只眼，闭一只眼”。不过，后来的一次经历彻底改变了他。当时，李靖主要负责一个批次单板的装备测试工作。一天晚上，测试装备突然出现了问题。当时，其他同事已经下班回家了，如果找别人帮忙就只能拖到第二天了，但单板必须当晚完成测试后入库。看着一旁焦急等待的生产工人，李靖决定硬着头皮自己解决。于是，他开始一点点查找，最后干脆把单板测试装备“大卸八块”，终于发现了问题——一根射频电缆插损异常。李靖马上更换了一根电缆，装备也就“奇迹般地”恢复正常了。当他看到工人们赞许的目光时，一种自豪感油然而生。

有了一次成功的经验，李靖很快就有了自信。他发现，以前那些折磨过自己的问题其实并不难解决：软件的加载、升级，稍微耐心点就能搞定；单板方面的一些基本问题，稍微留心就能定位；测试部的自动化平台也并不难操作，对照手册操作几次就能学会，无须测试部派人支持。有了这种积极的心态，李靖逐渐尝试接手不同的项目，而且每次都能够把问题一个个地解决掉。

从李靖的成长经历中，我们能够体会到：很多时候，不是因为有些事情难以做到，我们才会失去自信，而是因为我们失去了自信，有些事情才变得难以做到。

麦肯锡咨询公司董事马克斯·兰茨伯格说：“confidence（信心）一词源于拉丁文，其本意为‘坚定的信念’。在工作中，我们能否达成某一特定目标，能否成为某一特定种类的人，都将取决于我们能否以坚定的信念去面对。”这是对华为人自信的最好解释。

2013年9月，客户为进一步考察智能ODN（光分配网络）的成熟度，邀请华为等多家厂商现网测试。毫无疑问，谁赢得了测试，就证明谁的技术更成熟，其结果将直接影响客户未来招标的倾向性。华为的测试团队在9月初就到达试点，大家一边等待着客户正式测试的通知，一边做着准备工作。客户的通知迟迟不到，眼看交付期限一天天临近，大家变得焦躁不安。

9月27日，客户终于通知测试，而此时距离提交测试报告仅剩3天。友商们都在争分夺秒地赶进度，华为也不例外。这是华为团队第一次面临复杂的现网安装方案，可“屋漏偏逢连夜雨”，施工队协调出现了问题。让他们更为头疼的是，安装过程中一直问题不断，突发状况让人措手不及。一切安装完毕后，已经凌晨2点了。

第二天，客户临时告知项目组，9月30日当天上午就会对现网方案进行评估。这意味着，交付时间更短了。于是，项目组调整计划，白天与客户进行测试工作，晚上连夜准备测试报告。30日下午2点，项目组比友商先提交了测试报告。当客户接过报告时，笑着说："都说华为人拼命，果然名不虚传。"话音一落，他便拿起报告，盖下项目组期待已久的印章。

华为项目测试组在时间紧迫的情况下，顶住压力，先于对手提交了测试报告。这种紧急情况对华为人而言，几乎每个人都经历过，是永不放弃的精神激励着他们坚持完成任务。

自信是一个成功人士不可或缺的品质元素。无论在任何时候，我们都应该自信地面对问题、解决问题，只要这样做，我们的执行能力就会越来越高，我们就会离成功越来越近。就像丘吉尔说的那样："一个人绝不可在遇到危险的威胁时，背过身去试图逃避。如果这样，只会使危险加倍；如果立刻毫不退缩地面对它，危险便会减半。绝不要逃避任何事，绝不！"

华为人正是靠着自信，击败了恐惧，也得到了成长。

2005年，结束象牙塔内7年的求学生涯的钟灵（化名）怀着忐忑的心情来到华为报到，并成为市场财经总部的一员。一年后，她被派往中东北非地区市场财经部，工作地点在开罗。

来到陌生的异国城市，钟灵还没来得及熟悉工作环境，主管就带她去拜访客户。首先是一个小时左右的宣讲，一同前往的同事显然都很有经验，带着自信的笑容。例外的是，同是坐在第一排的钟灵却异常紧张，她一直紧咬嘴唇、不时地搓手，连手心都在冒汗。当同排的客户转过头跟她交流时，她一下就慌了。旁边同事拍拍她的手背，并投以鼓励的目光。钟灵稍微平静了一下，然后用流利的英文说出了第一句话："Hi，I am Zhong Ling，you can call me Elaine。"万事开头难，钟灵很快就有了交流的勇气，她开始自信地跟客户聊起来，最后双方还留了联系方式。

钟灵很快就适应了开罗的工作环境，她不再是同事眼中"第一次见面还脸红"的小姑娘。在开罗的两年时间里，她主动承担了很多项目，虽然在工作中遇到了不少困难，但她表现出了华为人应有的务实精神，将问题一一化解了。

心理学家斯科特·派克说："在这个世界上，只要你真实地付出，就会发现许多门都是虚掩的！微笑的勇气能够创造无限的成就。"因此，钟灵有绝对的资本获得成功，就是因为她有真实的付出和面对困难时微笑的勇气。钟灵只是万千个自信的华为人的缩影，在华为，像她一样自信的人比比皆是。

2007年，由于某国政治环境的变化，客户要求对华为的债务延期偿还，此时，华为的债务情况面临银行回购风险及后期的市场定位变化。公司总部得知消息后，迅速组建了一支团队试图说服客户，让他们打消这个念头。

在这支队伍中，有一名新入职的年轻女员工李云（化名）。李云一想到要面对那个大胡子客户，就有些头皮发麻，一路上都很紧张。在飞机上，主管为了帮她消除恐惧心理，便特意找到她，说："丫头，你知不知道面对客户最重要的是什么？是信心。谁坚持到最后谁就会赢。"

这句话就像一针强心剂一样，让李云一下子就有了勇气，心情也轻松了很多。等到见客户的时候，华为一行人必须穿过一道装备了AK47和MP5重枪守候的大门，这时候"丫头"显得特别淡定，她还跟同事打趣道："总算见识到传说中的CS武器了。"在谈判过程中，她并没有害怕那些身材高大的"大胡子"，反而大胆地提出意见。谈判期间，因为华为人做了充分的前期准备工作，所以一直都占有优势，结果成功地说服了对方。

人们面对的最大的敌人通常是自己。我们之所以会在困境中无法自拔，很大程度上都是因为我们缺乏自信。我们总是怀疑自己无法完成任务，或者担心自己会失败等，这些不自信的表现都影响了我们的行动，成为通往成功路上的障碍。因此，就像斯科特·派克说的那样："如果你幸运地与生俱来就有勇敢这种品性，那么很值得恭贺；如果你还没有养成这种品性，那么尽快培养吧，人的生命很需要它！"

无怨无悔地付出

在《悼念杨琳》一文中，任正非说过这样一段动情的话：

华为的光辉是由数千个微笑的“萤火虫”点燃的。“萤火虫”拼命发光的时候，并不考虑别人是否看清了他的脸，光是否是他发出的。没有人的时候，他们仍在发光，保持了华为的光辉和品牌，他们默默无闻，毫不计较，他们在消耗自己的青春、健康和生命。

任正非认为杨琳就像萤火虫一样，代表着千千万万个无私奉献的华为人。在华为成长的过程中，是这些“萤火虫”用自己微弱的光芒照亮了华为通往成功的道路。他们牺牲了自我，甘愿成为华为通往成功的铺路石。

在华为，甘愿为公司无怨无悔地付出的人很多，案例也不胜枚举。特别是华为人在开拓海外市场的过程中，更是将甘于奉献的精神发挥得淋漓尽致。

那是在贫瘠而高耸的阿富汗高原，生存条件极差，特别是到了冬天，漫山遍野都是厚厚的积雪，走在路上的行人一不留神还会遭遇雪崩。就在某年冬天，华为成功地中标某客户北部近300个站点的搬迁项目，这里很快便有了华为人的足迹。

由于搬迁方案很复杂，客户也不怎么配合，华为的搬迁工作很不顺利。最后，公司不得不派出一些有经验的骨干员工去支援，让他们到站点督导和提供技术支持，希望能按时完成任务，工程师邓力（化名）就是其中一个。一个搬迁的晚上，某站点板卡中的保险烧掉了，邓力得知情况后，决定立刻前往站点送备件并指导工作。项目组劝他别去，他却坚决要去。大家为了保证他的安全，让他每隔一段时间就跟项目组联系一次。可项目组还是与邓力失去了联系，项目组和代表处的人员都很着急，他们四处打探消息，最后才得知，邓力在前往站点的路上遇到雪崩了。

阿富汗政府迅速派出救援人员展开营救工作，32小时之后，邓力才被营救出来。后来得知，他跟很多人一起被困在一个涵洞里。本以为，在零下几十度的环境下被困了那么久，肯定又冷又饿了。不料，邓力被营救出来后做的第一件事并不是找吃的，而是打电话确认那个站点有没有上线。当对方告知还在等备件的时候，邓力马上拿着备件前往站点，直到站点上线后才返回驻地。那时候，他似乎忘记自己已经近40个小时没休息，也没有吃东西了。

华为公司幸运地拥有一群像邓力一样无怨无悔地付出的华为人，他们在自己的工作岗位上兢兢业业、废寝忘食，他们是华为的英雄，也是华为的财富。任正非说，他与那些普通的华为人见面的机会很少，交流也不多，但他知道他们就像市场部的杨琳，默默工作很多年，不追求青史留名，一直在无私奉献。这些人都是华为的无名英雄，华为的未来还需要更多像他们一样的人。

可是，即使在华为这样的大舞台上，还是不免会有一些年轻的华为人有急于求成的想法。曾经有一名新员工感觉自己没有得到重视，就问任正非："华为如何创造员工成长的土壤？总不能说是沙漠或是岩石吧，那我再好的苗也起不来呀。"任正非的答案则颇有哲理：

沙漠也要靠你去把它变成土壤，你要敢于用你的身体化成一种肥料，然后这个沙漠才能变成土壤，你要有这种牺牲精神和献身精神。如果大家都不希望献身，只希望沙漠变成土壤，我在这儿成长得非常快，别人都为我做牺牲，而我不牺牲，那你永远都没有希望。所以我们讲的献身精神，就是把自己的身体化成肥料，去把沙漠改造了。

任正非认为，华为的发展任重而道远，公司需要每一位员工，特别是那些承担更多压力和责任的干部积极献身，时刻要把公司利益置于个人利益之上，做通往成功之路上的铺路石。

华为一直在鼓励新员工要向老一辈华为人一样，没有惊天地泣鬼神的自我表白，也没有远大的梦想，只有踏踏实实地工作。可贵的是，华为人做到了：在大年三十，有华为人爬上30米高的铁塔维修设备；在摄氏零下30多度的晚上，也有华为人在东北偏远县城的火车站外等候班车；有时候，华为人还要在海外坚守岗位。

或许，在别人的眼里，这些人是不称职的丈夫、不尽责的父亲、不孝顺的儿女，是一群无法顾及亲情的“傻子”。可是，他们都是华为通往成功道路上的铺路石，他们有理由骄傲，他们的家属也会给予其支持和理解。记得在华为的内部刊物上，就有华为家属写过这样两段内容：

老公在华为工作有10年了。回忆与老公一起相伴走过的日子，有苦、有愁，但更多的是喜和乐。我对他也从不理解变成支持，从抱怨变成体谅。由于工作性质，周末或节假日他经常是在上班，不能陪我逛街。我下班后做好一桌饭菜等他回家，他又无法及时回来。慢慢地，我心里有些抱怨。我怀宝宝时，妊娠反应很严重，吃啥吐啥，不得不住进医院。老公帮我办好住院手续后，第二天一早又赶着去上班。看到我的情绪有点低落，他安慰我说：“等你生小孩时一定多抽点时间陪你，把之前没做到的全补齐。”

2009年的6月中旬，我们的宝宝出生了，老公陪了我们10天，包办了所有的活儿：洗尿布、抱孩子、喂奶粉、搞卫生，等等。同病房的产妇都称他是“金牌月嫂”。10天过去了，老公又去忙他的工作了。我有点恋恋不舍，但想到老公常说的话：“公司是大家庭，我们是小家庭，只有大家庭好了，小家庭才会好。”我就没有挽留他。

在“大家”和“小家”之间，华为人选择把自己有限的价值全心全意地奉献给华为公司这个“大家”，对于普通人来说，这需要多大的勇气啊！可是，华为人却做到了，而且无怨无悔。他们不是称职的丈夫，也不是尽责的父亲，更算不上孝顺的儿女，但他们绝对是华为公司最可爱的人。

如今，华为的用户服务人员可以置身于舒适的用服大厦里，在计算机前、在先进的仪器仪表面前，认真钻研。此刻，他们肯定会感激那些曾经为华为无怨无悔地付出的早一辈创业者。没有他们的付出，华为人就没有今天如此舒适的环境。对于他们的贡献，就连任正非都感叹道：“这个时代最崇高的是责任心，最可贵的是蜡烛精神，用户服务人员照亮了公司、消耗了自己。华为今天市场这么好，赢得这么多用户的信任，是大批用户服务中心的华为人用青春和心血铺就的。”

坚守是职责，更是精神

世界屋脊上有一个名叫清水河的小镇，给华为人留下了深刻的记忆。在那寒冷、贫瘠的高原小镇上，有一个名叫老何的人。作为一名普普通通的电信职工，老何把自己的青春、健康和希望都奉献给了那个小小的邮电所。

老何工作的地方叫清水河镇邮电局，也被称为黄河第一局。清水河镇是一个天寒地冻的高原小镇，自然环境恶劣。可是，在青藏高原广袤无垠的荒野上，它还算是比较繁华的地方。

在当地人的眼里，老何工作的清水河镇邮电局绝对是清水河镇最富裕的地方，因此，经常会有人打那个柜台的主意。在一个寒冷的夜晚，几个裹着刀子的不速之客踢破了大门，打算“洗劫”邮电局。为了保护那个放着百十元钱的柜子，老何的头部被歹徒打成重伤，他妻子的脸上也被砍了几刀，如今还留下很深的刀痕。可是，等伤口痊愈后他们又重新回到了这个“伤心地”，继续照料这个小小的邮电所。他们只有一个愿望，就是要为千千万万个家庭传递平安健康的佳音。

忠诚是人类最宝贵的美德之一，它体现在人类最珍贵的情感和行为的付出上；忠诚的人会把工作当成一种信仰，并且坚持不懈地做下去。故事中的这对夫妇用自己的青春换来通信之路的畅通，就是对忠诚最好的诠释。

作为华为合作单位的一名员工，老何让无数华为人懂得了坚守的意义和忠诚的价值。华为的成功不是偶然，因为它也有着一批对事业“不抛弃，不放弃”的人，是他们成就了华为。

2013年11月，APEC峰会在巴厘岛召开，印度尼西亚移动运营商A客户要求各厂商提供LTE（长期演进）项目体验DEMO（演示方案）。华为当地代表处计划向客户提供全球首个LTE全息演示。由于这种演示方式是首创的，没有经验可借鉴，在技术实现过程中遇到了各种困难，很多人都劝品牌经理胡伟放弃，改用传统的LTE演示方式。

但胡伟认为，大家都在用的演示方式如何能够打动客户呢？在他心中始终有个标准：如果不能做到极致和非凡，还不如不做。为了坚守这个标准，他付出了巨大的代价。他亲自把100斤重的全息玻璃从国内带到印度尼西亚，结果还被印度尼西亚海关扣留，人也被关进了“小黑屋”；供应商不愿做，说没见过，他就买材料自己动手做。经过努力，他终于成功了。当印度尼西亚通信部部长看到LTE全息演示时，感到非常震撼，就连华为见多识广的地区部领导也是第一次见到LTE三维全息。

此后，A客户每次举办LTE营销活动时，都指定华为提供演示方案。胡伟和他的团队还开创了诸如LTE机器人、LTE无人机等新型演示方式，一再超越客户的期望。目前，LTE全息演示技术已经被广泛应用。

胡伟的坚守是值得的，他也贯彻了自己心中由来已久的标准。对华为来说，与友商的竞争是残酷的。每家通信设备供应商都在不惜代价地争夺运营商。用任正非的话来说：“上甘岭是不打粮食的，但是上甘岭丢了，打粮食的地方就没有了。” 他还说：“上甘岭不是一个地名，它就在你的心中。什么是上甘岭？你的心中有上甘岭就是上甘岭。你们今天只有20多岁、30岁左右，正是风华正茂的时候，只要肯努力，任何一个地方都是上甘岭，难道欧洲就不是上甘岭了？达到欧洲标准可不是一件容易的事情。不要把生活的艰苦、工作的艰难和你自己的努力学习完全分开，好像一定是艰苦地区才能出上甘岭。只要肯吃苦，愿投入，到处都是上甘岭。”

有一年，正值华为某海外项目全力冲刺的阶段。突然，项目进程因为诸多问题被卡住了：分包商给工人付款出了问题，工人们已经连续几周没有好好休息，一个个疲惫不堪，就连机械都出现了问题。这时，项目组租赁的机械已经被运走了，分包工人也在收拾工具准备回家。项目交付日期眼看就要到了，如果项目不能按期交付，则前期的所有努力也将付诸东流。不过，项目组没有放弃，他们一致决定，不管多难也要完成对客户的承诺。

项目组很快就行动起来。宋志负责联系机械，Ravish同本地分包商确认，Yanish同分包商的工头商量，请他留住工人。没过多久，分包商打来电话：“兄弟，不好意思，我们的机械手都已经回家了，抱歉啊。”本地的分包商也说："Sorry, it's too late。"原本留下的工人也只能陆续回家了，不过，他们答应只要机械到位，就会马上赶回来。

最大的问题是找到机械。项目组和本地员工纷纷出动，他们甚至还动员家人帮忙。可是，每次电话里都是"sorry、sorry、sorry"的答复。不知不觉，一个多小时就过去了，天也慢慢地暗了下来。

所有人都没有放弃，本地员工也是如此，他们继续寻找着机械。功夫不负有心人，他们在天快黑的时候终于找到了机械，大家便立即行动起来，联系分包商和工人、安排司机去买面包和可乐等。夜幕降临，路上的行人渐渐少了，但机械终于到位了。大家忘记了几周以来的疲劳，开始了最后的抢通任务：测量、开挖、穿管、倒盘。灯光下，只看到大家忙碌的身影。最后，华为人按时完成了5个中继段的连通任务。

我们被华为人齐心协力的团队精神和不知疲倦的奋斗精神所感动，也被他们"不抛弃，不放弃"的精神所鼓舞。

如今，不仅在华为，很多企业都重视员工的敬业精神，特别是世界500强企业。可口可乐公司就一直希望员工能够在工作中锻炼一种"忠诚不渝"的敬业态度。它们认为，我们正处于知识爆炸的时代，各行各业的技术和知识都在不断更新，可谓日新月异，唯一不变的是一个人要对自己的工作保持"不抛弃，不放弃"的态度，这种态度历久弥新，永远都具有价值。

同可口可乐公司一样，华为一直都将敬业精神作为评价员工的一大准则。华为人认为：对工作的"不抛弃，不放弃"是比智慧和勤奋更有价值的东西，如果不能坚持在某一个领域发展，再多的努力也是没有价值的；反之，如果我们下定决心要认认真真地做好一件事情，做到有始有终，我们就敢于面对任何困难，排除种种障碍，使得工作获得圆满成功。

记得某年在巴基斯坦，因为客户群很多，华为要完成的项目数量巨大，交付环境也极其复杂。由于工作人员紧缺，中方工程师许阳（化名）既要当技术工程师，又要当项目经理。他每天都要进行设备调试、技术指导等工作，最后还要给分包商培训、督导与客户交流，忙得不可开交。

那时候，许阳刚从国内分派到巴基斯坦市场，还没有来得及适应当地的工作环境，工作任务就如此繁重，因此感到压力很大，连睡觉都不"老实"。等项目基本完成后，与他同屋的另外一个同事就找他"算账"了。

许阳一开始认为自己很无辜，当他得知自己连续好几个晚上都发出嘟嘟囔囔的声音，吵得同事不能睡觉时，才觉得不好意思。原来，许阳的同事有一天夜里被吵醒后，就走到许阳的床边想听个究竟。他模模糊糊地听见许阳在用英文教分包商如何安装设备、如何调试，还说一定要注意工程实施质量。其实，算账是假，佩服是真，许阳这份对工作的认真和专注的态度，让这位同事真正体会到了什么叫敬业精神。

如果不忠诚于华为，许阳不会来到条件恶劣的巴基斯坦工作；如果不忠诚于客户，许阳也不会连做梦都在教人如何安装设备；如果不忠诚于自己的工作，许阳也不会勇挑重担，坚持完成任务。因此，忠诚是推动华为成功的动力之一，也是华为最宝贵的财富之一。

忠诚是相互的，莎士比亚说："忠诚你的所爱，你就会得到忠诚的爱。"当你忠诚于企业时，企业就会重用你；当你忠诚于客户时，客户就会信任你；当你忠诚于工作时，工作就会带给你快乐。因此，只要我们忠诚于企业，忠诚于自己的职业，那么成功自然而然就会离我们越来越近。

成为公司的资本

德鲁克说："真正持久的优势就是知道怎样去学习，就是知道怎样使自己的企业能够学习得比别人更快。"为了更好地担当和执行，华为人在不断地学习和进步，提升自己的专业技能，开阔自己的眼界，走在无数企业的前面。

任正非说："我们提倡自觉地学习，特别是在实践中学习。你自觉地归纳与总结，就会更快地提升自己。公司的发展，给每个人都创造了均等的机会。英雄要赶上时代的步伐，要不断地超越自我。"为此，任正非特意提到了华为的"市场部集体辞职事件"。

1996年，包括孙亚芳在内的市场部中高层管理人员集体辞职，然后重新竞聘上岗，这就是在当时引起广泛争议的"市场部集体辞职事件"。其实，在某种程度上，这是华为人自我优化的典型案例。孙亚芳在一年后的讲话中准确地描述了这次大辞职事件背后的动机和意义。

我们将面临更高决策的客户，他们有多年引进项目的经验和丰富的专业知识，他们是用国际营销市场这把尺子衡量我们的。我们面临的是缺乏现代化指挥作战和产品多元化销售中业务指导的问题，身先士卒、冲锋陷阵的领导模式已成为历史。

显然，华为的“集体大辞职”不仅是华为人的自我批判，也是华为人意识到自己的不足，并自觉、自愿学习，不断进取的过程。任正非非常赞同市场部的这种学习态度，并号召华为人向市场部学习这种精神。自我优化是走向成功最基本的要素。很少有人天生具备超凡的能力，真正的成功者都是那些不安于现状的人，他们迫使自己不断地学习，不断地进步，一步步走向成功。

以成果证明自我价值，是我们成为优秀职业工作者的起点。以成果为导向，用过程来保障成果，用成果来检验自己的工作，这是体现自我价值最好的表现形式。

1998年7月，刚毕业进入华为的胡鹏，一心只想做硬件开发，却被安排在互连技术的岗位上，报到几天后，他就去找研发部领导申请换岗，因种种原因却未能如愿以偿。闷闷不乐的他，感觉很痛苦，干活也没有了热情。直到有一天，思想导师告诉他，互连在国外其实是非常先进的技术，是硬件开发实现物理层的二次开发，但公司在这一方面刚刚起步，非常需要这方面的人才。打开心结的他开始努力学习业务知识、不断进取。1999年胡鹏因业务突出被派往美国进修，这让他大开眼界，也使得他更加热爱这份工作了。

2001年12月28日，胡鹏从深圳调到北研负责SI（信号完整性分析）工作，他面临的是陌生的环境、不熟悉的同事和部门整合的重重阻力。在数通高复杂、高速信号的硬件环境下，必须同时掌握SI和PCB（印制电路板）才能更好地推广工作。他作为精通这两项业务的专家，必须顶住压力，不断与同事进行分析，最终才能获得大家的支持和认可。

然而，2003年才刚刚步入正轨，部门就被分出了很多人，最后只剩下十几个人，这令胡鹏感到非常迷惘和痛苦。自己所在的这个部门本来就是非主流业务，再加上人少，自然影响力也就小，那能做什么呢？胡鹏并没有因为自己不在主流业务的岗位上而自暴自弃。因为当时的设计任务很少，所以他们一方面做技术储备，一方面在数通10G落后友商的情况下投入重兵，把数通业务做好，同时又拓展出固定台、3G手机的互连设计业务，获得了业务部门的高度认可，部门从无到有再到优，逐步发展到40多人，不仅队伍壮大了，业务也越做越强。胡鹏说："很多机会是需要自己主动去努力争取的。如果你做了，你可能会失败；但如果你不做，就一定会失败。"2008年7月他又承担了中研北研分部部长的工作，搭建并规范化地运作部门平台，让中研北研分部的兄弟姐妹们找到了归属感和自豪感。

一个优秀的职业工作者要懂得利用成果来实现自我价值，提升自我能力，而不是以付出劳动力的多少为准绳。华为并不认同加班就等于艰苦奋斗的思想，更多的是要讲究效率和贡献。任何工作只有以结果作为衡量的标准，收获才能大于付出。

拿破仑·希尔说："天下真不知有多少人一无所成，原因就是他太容易满足了。要求自己上进的第一步，就是绝对不能停留在现有的地位。不满足于现状可以帮助你不断获取新的成功。"

在那些通过不断学习成长为企业领袖的成功人士中，我们不得不提起"全球第一女CEO"，惠普公司董事长兼首席执行官卡莉·菲奥莉娜女士。卡莉·菲奥莉娜在学校学的是法律专业，按照常人的理解，她本该成为一名律师，而不是惠普这样的技术创新型公司的领导者。虽然她还学习过历史和哲学，但是这都不是惠普公司领导人的标准。显然，她是通过自己的不断学习才做到CEO这个位置的。

因此，我们要想在激烈的竞争中胜出，就必须向卡莉·菲奥莉娜及惠普人一样，不断学习，不断吸取经验，时刻让自己保持学习的状态。我们要以谦虚的心态面对生活，认识到学海无涯，永无止境。就像牛顿说的一样："把自己当作在大海边拾到贝壳的孩子，而真正的大海远远未曾探究。"

1994年，李德（化名）成为华为公司的一员，被安排在交换机装配线上粘贴板名条。工作了几天，李德发现自己每天都在机械式地重复工作，无论自己如何努力，工作效率都很低。

李德决定改变这种低效的工作状况，他买了一些与交换机、排队机知识相关的书籍，然后利用业余时间认真研究学习。同时，李德还会主动去找一些熟悉产品的老员工，了解产品的知识。最后，他对交换机的每一种配置都相当清楚，粘贴板名条的工作效率有了很大的提高。

没过多久，华为无线接入系统（ETS）正式进入试生产阶段，李德就被安排到ETS车间，负责ETS基站装配工作。由于对装配工艺不是很了解，李德便主动开始学习总装车间装配工艺文件的设计，直到掌握了一整套工艺体系的基础知识。

记得在装配车间工作的时候，需要一些工作指导图。因为那时候公司装配区还没有配备电脑，只能用手绘制，所以速度很慢而且效果也不好。这一次，李德便充当了“先锋官”，自己花“血本”买了一台电脑，开始自学工程绘图软件。后来，他从一个对工程绘图软件一窍不通的人，成长为车间里仅有的工程绘图软件应用专家，设计工作的效率和质量都得到了提升，装配区的指导图也得以“改头换面”。

李德这个“软件”之所以得到不断“升级”，并逐渐成为公司的资本，就在于他头脑中一直有着自我优化的意识，并将这种意识付诸行动。李德后来回忆道：“在华为6年，我一刻也没有停止过学习，我并没有什么崇高的理想和远大的目标，学习的目的就是想将手头上的工作做好，干活时轻松些。”显然，在李德的眼里，成功没有秘诀，只有坚持勤思勤学并学以致用。

社会在进步，当外部世界在不断地改变时，每一家企业都希望它的员工能够掌握新的技巧，以便给企业带来更多的价值。我们每个人都要跟着时代的步伐，每天学习一点点，每天进步一点点，才能适应企业发展的需要，才能够在激烈的市场竞争中脱颖而出。

第2章　成果导向

华为是一个功利集团，它的一切都是为了实现目标而努力的，企业文化是围绕一种目标来实现的，这种目标就是要具有商业的价值和利益。

任正非

聚焦主业务，务实为本

管理大师德鲁克说："没有一家企业可以做所有的事情，即使有足够的钱，它也永远不会有足够的人才。"德鲁克这句话不是感慨可用之才太少，而是在提醒企业要聚焦主业务，做具有竞争力的事情。

日本著名的山叶公司在乐器，尤其在钢琴制造方面，享有世界级声誉。日本山叶公司在发展业务初期，品牌扩展都围绕着自己特有的专长，其制造的吉他、小提琴和电子琴都来自工人精湛的技艺。不过，随着山叶公司规模的扩大，它开始涉足众多领域，如体育用品、家电、音响设备、摩托车，甚至游艇等。由于偏离本业的多元化经营和快速扩张，其管理、技术、销售都无法跟上，公司陷入泥潭。1990年以后，山叶公司的利润大幅下滑，并陷入债务危机。幸好公司及时悬崖勒马，在新社长的带领下，调整经营策略，重新聚焦核心业务——乐器生产，从而使山叶公司走出困境。

很多企业和管理者都容易犯下不能集中优势资源在主业务上的错误，就如山叶公司一样。它们做事总是朝三暮四、浅尝辄止，结果当然令人失望。上面这个故事告诉我们一个道理：市场竞争中最有力的武器是集中所有精力在一个点上，即企业擅长的主业务上，这样往往能够取得巨大的成功。

任正非在创立华为的初期，连自己都承认选择通信业是幼稚的行为，发展前景可谓一片灰暗。但他在选定通信业后，只认准通信业这一单一目标，坚持不懈地投入技术资金，经过10多年的发展，使华为成为国际化企业。这时候，国内外的投资机会很多，包括房地产、股票等比通信业获利更加丰厚的行业，对于企业家来说，这无疑是一种巨大的诱惑。所以，很多像华为一样刚刚在市场上站稳脚跟的企业放弃自己的特长，转向其他的业务。当深圳正经历着房地产和股票这两个泡沫时代时，很多企业都选择涉足这两个利润"肥得流油"的行业，想在其中分得一杯羹，但华为没有。

1998年，任正非发表了《华为的红旗到底能打多久》的讲话，决心把华为的目标定位成一个设备供应商，认认真真搞技术，将自己的主业务定格在通信行业。虽然开始遭到很多人的反对，但最终还是被确定下来。

任正非认为，华为要像凸透镜一样，将太阳的能量聚焦成一个点，这样就不仅仅是一束光的能量了。如果华为能够坚持通信业这一核心领域的开发，认认真真地搞技术，用专业化提高自己的企业竞争力，就能够取得成功。

在世界500强企业中，还有很多企业像华为一样聚焦主业务，以务实为本，将优势力量投入到企业的核心领域。例如，以快餐为主的肯德基，专注饮料的可口可乐，以及在国内专门经营家电产品的海尔等。

华为为了增强自己的核心竞争力，采取了“调整业务体系，剥离非核心业务，建立核心竞争能力”的竞争战略，这样就能够将大部分精力、资源都从非核心的业务中抽离出来。就如，1999年年底华为仅有一家合作单位，虽然2003年已经发展到200多家，但基本上都是通信工程公司或华为员工内部创业的公司。华为将产品安装、调试、维护和检修等非核心任务交给这些合作单位，自己将更多的精力聚焦到主业务上来。

在企业管理中，不仅企业要将战略目标聚焦在主业务上，管理者也是如此。作为管理者，每天都承担着繁重的经营管理任务，要完成这些任务就必须全身心地投入。然而每个人的精力是有限的，一旦管理者不能聚焦于本职工作，就不可能长期地保持工作的激情，这样对企业来说必定会造成损失。

聚焦主业务要求管理者对工作专注、关注甚至偏执，就是要耐得住寂寞，经得起诱惑。正如任正非所言：“我们要求干部要聚焦在工作上，这是一句十分沉重的话。”任正非的这句话需要华为的干部细细品味，才能真正有所感悟。

在华为，不仅管理者，连员工都被要求聚焦主业务。任正非要求针对员工的考试不要太多，不要让员工把精力全部用在考试上，要有时间钻研主要业务。任正非认为，如果公司总是组织员工进行考试，那些擅长考试而不擅长工作的人就会占到便宜，而那些擅长工作但并不擅长考试的人就可能吃亏，这样他们就不能够将主要精力投入到工作上来。

华为有一个习惯，只要员工工作到晚上9点就可以免费吃夜宵，因此有些员工开玩笑说：“每天晚上老板请我们吃夜宵。”于是别人就很疑惑：“老板怎么会每天请你们吃夜宵呢？”原来，华为的员工只要“熬”到晚上9点，不管是不是真的在加班，就有7块钱的夜宵吃。类似这种不注重实际效果的管理方式在企业内仍然存在，一定程度上影响着华为人的言行。对此，任正非在2010年的一次讲话中强调：我们不能形式主义，要让员工有更多的时间聚焦工作，要减少会议、减少考核。

如今，华为人就像群狼一样，宁可放弃那些唾手可得的小猎物，也要集中所有队伍，捕捉身材庞大的驯鹿等猎物，这是狼群能够长时间享有猎物的奥秘，也是华为一直致力于通信业发展并具有强大执行力的主要原因。

以商品化为导向

任正非在《华为的红旗到底能打多久》一文中指出："紧紧抓住产品的商品化，一切评价体系都要围绕商品化来导向，以促使科技队伍成熟化。我们的产品经理要对研发、中试、生产、售后服务、产品营销……负责任，贯彻沿产品生命线的一体化管理方式。这就是要建立商品意识，从设计开始，就要构建技术、质量、成本和服务的优势，这也是一个价值管理问题。"任正非强调华为的工作开展及绩效评价都要以商品化为导向。这体现了华为在执行上最朴素的要求——满足客户需求，为公司创造价值。

美国的贝尔公司研发出半导体产品，瑞士则是第一个开发出精工表的国家，但它们都没能像日本一样，将技术成功地转化为商品，获取应有的市场价值。正如华为人说的那样，技术是用来卖钱的，卖出去的技术才有价值。

在华为的发展历程中，有一次惨痛经历是华为人永远忘不掉的。

1992年，郑宝用带领着十几名开发人员，准备开发局用交换机。当时他们只有开发模拟空分用户机的经验，对开发局用交换机则一无所知，却决定开发模拟空分局用交换机，并命名为JK1000。

1990年，中国的固定电话普及率只有1.1%，排名世界第113位。1992年，华为预测，按照中国电信产业的总体目标，到2000年固定电话普及率在5%～6%之间，因此，先进的数字程控交换机在中国不适用。结果，事实并非如此。到2000年时，中国固定电话普及率比预想的数据高出10倍之多，这注定了JK1000的命运。

1993年年初，在华为投入了全部的开发力量和巨额的开发费用后，JK1000成功问世，并在5月份获得了国家邮电部的入网证书。在市场推广上，华为也志在必得。

然而1993年年底，数字程控技术得到普及，华为的JK1000空分局用交换机刚推出就面临着被淘汰的危险局面，很快市场便被数字程控交换机取代了。

这次惨痛的经历让任正非意识到，华为的研发执行团队必须从技术驱动转变成市场驱动，紧紧抓住产品的商业化，坚持不研发“卖不掉的世界顶尖水平”。任正非要求华为员工不能像早期的贝尔公司一样，只懂得研发新技术，不懂得将技术转化成商品。

工作要以成果为导向，并不只是要求研发部门要以商品化为导向，更是要求所有部门及员工都要以商品化的思维去组织工作。只有这样，才能够充分发挥整体合力的优势，实现最终产品（服务）的商品化目标。因此，华为无论是在市场拓展还是在研发上，都充分发挥各部门的合力优势，以占领市场为最终目标。

1996年中国电信市场上接入网产品的机会点突然出现，邮电部允许原交换机局通过V52技术接口带其他厂家的用户模块。但是一开始，华为中研部的接入网产品发展得并不好，原因是接入网产品与交换机业务部的远端模块冲突，而当时交换机业务部又是华为中研部第一大部门。由于起初只是在一个部门发展，接入网产品的内部研发资源得不到保障，研发进度较慢。眼看着老对手中兴公司的接入网产品在市场上的占有率大为提升，新对手UT斯达康公司也借助接入网产品在中国市场上发展起来，华为公司市场部频频向公司总部告急。任正非把当时的中研部总裁叫去狠狠地批评了一顿，给他醒了醒脑。1996年年底，中研部专门成立了由多媒体业务部、交换机业务部、传输业务部、无线业务部共同参与的跨部门接入网新产品攻关项目组，以求资源共享，发挥产品和技术间的组合优势，增强核心竞争力。各个业务部均安排核心骨干人员进入项目组，在项目组的统一安排下进行集体技术会战和技术资料的统一制作。除骨干人员参加外，各业务部对接入网产品的相关内容也进行了会诊，并针对接入网的版本做了新的开发。跨部门项目组成立后，华为公司在3个月的时间内，就一举突破了新产品的关键技术问题，而且在如何创新地组建接入网络及发展电信新业务（如TS无线接入、会议电视等）方面，率先提出并实现了新的业务应用。华为各业务部的通力配合使得华为公司无论是在功能上还是在成本上都有差异化竞争力的接入网新产品出现。

华为中研部的接入网产品起初发展得并不好，这是因为中研部独自开发，未能进行资源和信息共享，导致研发的产品无法与其他模块对接。后来建立了跨部门的研发团队，从各方面需求进行会诊，确定最佳接入网产品设计方案，最终一举突破了关键技术问题。

任正非希望华为内部培养更多的、能够实现商品转化的工程商人，任正非讲了一个关于小盒子的故事："什么是小盒子？日本的数字相机就是小盒子，他们的小盒子把全世界都打败了。这个小盒子看起来没有最新的技术，但真的没有技术吗？技术不是理论、不是功能，而是包括工艺、材料、多种科学在内的综合技术。我们华为也需要能做这种小盒子的工程商人，而不是仅仅做出功能来的科学家。"从聚焦技术方案到关注商品化导向，华为的工程师们在实践中不断成长。

在英国VDF项目中，客户担心天馈会因使用时间长而导致质量下降。合同中客户要求测试原来天馈的PIM值。在前期交付的40多个站点中，PIM单站测试成本达到700英镑，给交付带来很大的成本负担。

工程师们到达现场，利用设备内置的类似功能进行了测试演示，客户很惊诧华为设备的这个功能。工程师们从原理上进行了说明，并从多个角度解释在线测试的优点，最后客户决定采用华为设备内置功能。华为仅因在产品设计中，考虑到客户可能测试的需求，就节省了几百万英镑。一位工程师说："在欧洲项目交付中，由于当地人力成本高昂，且对质量和EHS（环境、健康、安全）也有很高的要求，单站交付成本经常高于设备成本。作为TD（团队主管），要利用自己的技术能力和设备自身从技术和客户需求角度上关注经营和改善经营。"

可见，客户需要的不一定是多么先进的技术，那些功能简单、质量可靠、满足需求的产品和服务才是他们最需要的。任正非鼓励那些能把功能简单化的工程商人，激励做小盒子的人要拿高工资、做总监。

在华为，为了更好地推动商品化导向的执行思维和行动力发展，所有的工作都要遵守和接受以结果为导向的评价和考核原则。

华为的一位项目经理说过这样一段话："当我还没有成为一个主管时，经常加班到深夜，周末也不休息。每天过着'两点一线'的生活，而且每天都认真地工作，这得到了主管的赞许。那时候，我认为'加班=艰苦奋斗'。等到我升为项目经理以后，每天向项目组成员强调要加班，这样才能体现出你的价值。但我的上级告诉我，评价一个人的工作成效并不是看他累不累、加不加班，而是看他在工作中交付的结果。"

加班不等于艰苦奋斗；同样，艰苦奋斗也不是加班就能涵盖的。这位华为主管指出，工作评价要以工作结果为导向，其实就是一切评价以商业化为导向的一方面。

一个部门、一个员工即使再努力，但没有效率、没有成果，对公司而言都是有害无益的行为，因而工作评价应以结果为导向。如果不注重商品化，哪怕产品做得再好、工作再努力，也只会破坏和降低公司的绩效。

弄清楚你要到哪里去

在以商品化为导向的执行思维下，我们还要适时地明确自己的工作目标。工作就好比打猎，猎物就是你的工作目标，你要先弄清楚目标在哪里，然后才能采取行动。

弄清楚工作目标是第一步，只有目标正确了，我们才不会把事情做错，才能够轻松地完成任务。

这个道理听起来很容易理解，但是在工作实践中却并不容易被人拿来即用。即使是华为这样的成功企业，在它的创业初期，也有很多员工忽视了这个工作原则。

华为公司创立初期，曾一度出现工作结果与预期目标不符合的问题，让公司多次陷入危机。那时候，无论是计划部门还是员工，都承受了很大的压力。

公司不得不派人调查原因。在访问了一些员工后发现：大部分华为的员工在领导分配任务后，竟然不清楚自己应该在什么时间执行任务、什么时间完成、怎么去操作、具体完成到什么程度才算合格……这些员工习惯于接到任务后，什么都不考虑，卷起裤腿就埋头干起来，根本不懂得花时间考虑自己的工作目标是什么。

痛定思痛，华为员工决定自我反省，这才发现自己在工作方法上存在问题：员工接受任务后，根本就不清楚自己的目标是什么就开始埋头苦干，结果工作就没有目的性；有时候，员工还会在中途改变目标；更严重的是，有些员工在工作结束后才发现自己的工作结果与目标不符合。

项目经理王辉（化名）负责拓展客户在挪威的IPTV（交互式网络电视）业务，即将进行POC（Proof of Concept，验证性测试）。同行的还有一个刚从西非调过来的同事。王辉做解决方案，他的同事负责客户关系。

实际上，IPTV并不是他们目标客户的主业，该项业务原先由客户集团的另一个子公司负责经营，但客户决定交给华为来做。王辉认为这是一个商业机会，很快就把方案与报价做了出来，交由客户评审。经过一段时间的漫长等待，客户通知王辉等人，要马上启动样板点考察。

王辉和项目组高度重视，将华为在全球所有IPTV样板点呈现给客户，任其挑选。最终，客户选择了华为在重庆广电的IPTV局点。

很快客户便来到重庆，该项目看似有条不紊地进行着。待客户考察回国后，音信全无，项目无疾而终。

王辉后来总结这个项目失败的原因，认为客户之所以选择重庆，是因为重庆多山，与他们国家的地形地貌类似，挖沟埋电缆费用高，必定采用的是微波传送信号，结果重庆广电的IPTV全部采用的是铜缆。如此，客户对考察结果必然不满意。

王辉和项目组没有与客户进行充分的沟通，在没能了解客户真实需求的情况下，就接受了客户的IPTV样板考察的要求，最终使项目运行偏离了客户需求。

最后的胜利者大多数情况下不是那些整天都在埋头苦干的人，而是有着明确目标的人。前者的工作态度值得鼓励，后者的工作方法更值得我们去学习。正是在这样的情况下，任正非提出“先瞄准目标，再开枪”的工作理念，就是要提醒华为人有目的性地工作，不要浪费宝贵的资源。任正非在自己的文章中这样强调：

面对国际的残酷竞争，我们必须提升对未来客户需求和技术趋势的前瞻力，未雨绸缪，从根本上扭转我们作为行业的后来者所面临的被动挨打局面；我们必须提升对客户需求理解的准确性，提高打中靶心的成功率，减少无谓的消耗；我们还要加强前端需求的管理，理性承诺，为后端交付争取宝贵的作业时间，减少不必要的急行军。

那么，华为人是怎么做的呢？就拿华为的销售人员来说，通常情况下，他们会先找准客户，然后充分调查客户的信息，把销售当成项目策划来做。在销售的执行过程中，华为员工也是按计划一步步制定目标的。例如，在一般情况下，他们会这样计划：一个项目最低拿下50%的份额，准备得好要拿下80%的份额，可以挑战拿下100%的份额。

接下来，项目组开始围绕着100%的目标努力，把项目涉及的所有客户的详细信息、所有竞争对手的策略及优势和劣势、自己的优势和劣势都写在黑板上，制定详尽的行动方案。之后，项目组成员分头行动。这样一个“目标—步骤—行动”的过程，使华为的销售业绩稳定增长，使结果真正达到了100%的目标追求。更重要的是，华为人的“狼性精神”也在这样的点滴中得到贯彻。

做任何事都不要太匆忙

无论我们从事什么样的行业，只要在岗位上小有成就，就会或多或少产生一些自满心理。这种自满心理会蒙蔽我们的眼睛，让我们在工作中盲目自信。结果呢？盲目自信壮大了我们的胆子，让我们丢弃了谨慎细致的工作态度，开始冲动地做事，对工作过程中的风险预测和评估不加考虑。显然，冲动不但起不到正面作用，还会拖垮自己和企业。

美国Standish Group[1]曾在1994年对8400多个项目的成功率进行统计，结果表明：高达34%的项目总目标彻底失败，超过50%的项目都不太成功，仅有不到16%的项目能勉强完成总目标。

你或许认为，这项调查并不能说明项目失败与缺少过程风险评估和预测有多大的关系，项目的失败可能是因为执行人的能力不足或项目本身的难度就很大造成的。可是，当你看到华为员工的亲身经历，很快就会打消这样的想法。

H省第一个空白市场进入项目的合同总金额超过800万元，这个项目对于创业时期的华为来说，可以说是难得的机会。虽然只有短暂2个月的工期，华为人还是接了下来，然后便开始马不停蹄地工作。

可是，项目开展以后，员工才发现项目存在一定的风险，在2个月时间内根本没法实现工作目标。公司高层不得不一而再，再而三地到现场与客户协调，希望能够延长工期。然而，开弓没有回头箭，公司未能顶住市场，达到“客户满意”的要求，最终在不得已的情况下开展项目工作。结果可想而知，在一共支出1200万元，工期整整开展了一年以后，项目依旧没有进行初验。

华为在E国的第一单是总金额超过400万美元的城城网项目，合同要求该项目包括光缆外线设备及其工程服务，是一个典型的Turnkey（交钥匙工程）项目，合同签订以后，代表处、地区部和公司都为之振奋。然而，随着不同阶段项目的展开，项目还未过半，之前那种兴奋劲儿就没有了，从大家脸上也看不到半点喜色，一个个愁眉苦脸的。项目尚未结束，公司的亏损额已经高达200万美元，而且公司必须源源不断地向这个“无底洞”投入资金，一旦停止，公司损失的利益会更大。

上面两个案例充分说明了项目执行过程中存在诸多风险，而且这些风险出现的概率极高，如果我们不谨慎对待它们，只是冲动地执行眼前的任务，那么工作就极有可能失败。

---

1. 美国专门跟踪IT项目成功或失败的机构。

光有自信是不行的，工作还要落到实处且要以严谨的求证作为依据，只有通过严谨细致的求证才能得到科学的结论，也才能让后面的执行工作产生真正的成效，为整个团队带来回报。

杨波，账务5级专家，于2003年入职华为。他曾参与多个公司的财经变革项目组，在收入与应收、成本与存货等领域拥有丰富的经验。

在工作中，杨波认为，掌握会计的基本功十分必要，但随着业务场景的复杂化，原有的会计知识无法对前端复杂业务做出专业判断。

2004年年底公司AR变革，即从末端应收管理的视角审视前端合同签订、供应链、交付环节的问题。变革推进中，杨波仔细研读所有相关业务操作指导、管理发文，并与一线主管和操作人员进行沟通，进而研究实际业务操作和管理规则之间可能存在的差异，寻找切入点和方案。经过不断的研究，杨波对公司E2E销售线业务有了一个整体的认识。他参与或主导的很多业务和账务集成项目，能够很好地处理财务与前端的业务，大家都夸奖他懂业务。

杨波在AR变革中敏锐地觉察到，要推行变革，必须要基于业务进行。因此，他预先积极了解前端业务，为变革工作打下了扎实的基础。

华为一直在追求快速发展，特别是在创业时期最为关键的10年时间里，所有的华为人都希望华为能够快速地在通信领域占据一席地位。可是，任正非却始终坚持严谨的工作作风，从不以盲目接收项目的方式让华为更快地发展。任正非说，扩张要以严谨的求证作为依据，否则，扩张不仅不会起到正面的作用，还会拖垮整个企业。

事实上，工作中有些风险是明显的，有些风险是隐形的，要求我们通过自己的努力与团队的智慧将它们挖掘出来。如果我们能够意识到问题的出现，就等于已经把问题解决了一半。

在华为，工作人员在解决问题时，一般会采用两种做法：一种是头脑风暴法，即利用团队的智慧预测工作中可能会出现的风险；另一种则是经验法，即考虑以往项目中容易出现的问题，然后在下一次项目工作中进行规避。

另外，华为员工在识别风险方面始终会遵守以下三条原则：

原则一，不拘泥于眼前事物，用长远的眼光看问题。

原则二，不局限于某一方面，全方位、多角度地看问题。

原则三，不拘泥于肢解问题，要看事物的本质。

通过对风险的识别，我们可以将工作中可能出现的问题统一罗列在一张清单上。之后，我们还要对风险进行评估，即评估风险发生的可能性和对项目工作的影响。

通过对风险的识别和评估，我们基本上可以预测到项目在执行过程中会影响到预期目标完成的干扰因素；但这并不足以确保工作能够顺利地执行，我们还应该提前制定具有针对性的规避措施，这才是风险评估的真正目的。

分清事物的
轻重缓急

当我们明确了工作目标，也做好了各项风险应对准备以后，我们就要一心一意地去工作。这时候，分清轻重缓急是执行的要领之一。

李强是华为某分公司人力资源部部长助理。他每天都要处理大量的事务性工作，包括检查和处理信函、E-mail、电话、传真；协助部长对内部及外部信息进行上传和下达；安排部长的工作日程，如出差、住宿安排等；协助部长准备、收集和翻译各种会议、会谈资料及报告；协助部长开展人员招聘、面试等人事工作。虽然李强的工作量大，且十分琐碎；但是他却将看似繁忙的事务安排得井井有条，而且做得很顺手。原来，李强首先将事务性工作按照轻重缓急进行排列，优先处理重要的事和急事，再将一些不重要、不紧急但又必须办理的琐事集中起来处理。在处理文件时，李强会暂缓处理一般性传阅文件，待拿到紧急文件时一并送给领导，这样既节省了来回送文件的时间，又避免了因琐事而频繁地打扰领导。

李强出色的表现给主管留下了深刻的印象。所以，当公司在华南区成立办事处的时候，李强顺理成章地被任命为人事经理，全面负责办事处的人事工作。

不是只有像李强一样做秘书工作才会接触、应对和处理大量的琐碎工作，其实大多数人都会在工作中遇到这些琐碎的事务。

许多未曾经过有效执行训练的工作人员，往往感觉自己每天都像工蜂一样忙碌，但工作效率并未得到提高，而且工作情绪越来越差。他们往往有着太多的不解：为什么总是有做不完的工作，甚至加班也做不完？

这种情况并不是个例，很多没有掌握科学工作方法的员工都会遇到类似的苦恼：没有区分清楚工作的紧急程度与重要性，出现“瞎忙”的现象。

事实上，造成这种情况的一个重要的原因就是员工缺乏洞悉事物轻重缓急的能力，想到什么就做什么，而不是先为那些应该优先处理的事情安排工作进度。结果，员工经常疲于应付紧迫但未必重要的事情，而普遍将重要但不紧迫的事情当成是有时间则做，没时间则以后再做的工作。

华为在执行工作上的重要告诫之一就是：执行前分清事务的轻重缓急，懂得做最重要的事，才能产生最大化的成果。

我们不妨看看效率专家是如何指引我们的。

美国伯利恒钢铁公司总裁查理斯·舒瓦普曾会见效率专家艾维·利，舒瓦普说他虽然懂得如何管理，但事实上公司情况却不尽如人意。他说：“你告诉我一个方法，怎么样才能更好地利用我的时间，如果成功了，我会给你一笔丰厚的报酬！”

艾维·利说可以在10分钟内给舒瓦普一样东西，这东西能使他公司的业绩提高至少50%。然后他递给舒瓦普一张空白纸，说：“你把明天必须完成的事情全部写下来，然后按照工作重要性编上号码，明天从1号任务开始做，一直专注于1号任务，直到完成，然后再完成2号和3号任务，以此类推。这样，你一天结束时肯定会完成最重要的事情。”

几个星期以后，舒瓦普给艾维·利寄去一张2.5万美元的支票，还有一封信。信中说那是他一生中最有价值的一课。5年之后，这个当年不为人知的小钢铁厂一跃成为世界上最大的独立钢铁厂。

这说明了一个道理：任何工作都有轻重缓急之分，只有分清哪些是最重要的并将它们首先做好，才能将工作做得井井有条，卓有成效。

就华为来说，因为公司实行易岗、易职、易地的管理政策，华为的员工要不断地在不同的岗位上进行轮换，并且要在短时间内处理大量的工作；所以华为非常注重对员工进行培训，教会员工掌握科学做事的方法。

1998年，李梅（化名）放弃了舒适的外企白领的工作，来到华为西南某办事处成为一名行政秘书。新工作内容包括调车、人力管理、主管的日常事务、与局方客户的联络事务等。李梅俨然成了办事处的“大管家”，这让悠闲惯了的她忙得焦头烂额。

不过，李梅在接受公司培训后，具备了对事务统筹安排的能力。她用最“朴素”的工作哲学——按照工作的轻重缓急，把这些简单的工作做得秩序化、规范化、条理化，极大地提升了工作效率。

因此，很多时候我们不是被工作压垮了、弄乱了，而是自己的内心先乱了。如果我们始终坚持“要事优先”的原则，坚持让重要之事不可受其他小事的牵绊，那么无论面对多么繁杂的工作任务，我们都可以做到忙而不乱。

管理大师德鲁克也曾总结道：“良好的工作习惯是坚持把重要的事情放在前面，然后一件一件地去做就行了。”按照德鲁克的观点，我们可以不必在意工作量的多少，也不必在意工作项目的多少，只要理清正确的工作思路，以要事优先，就能达到忙而有序的工作状态。

工作一次就做对

要出色地完成工作，执行细节很重要，只有做到少浪费、零浪费，事事一次就做对，才能让成果最大化。

可是，许多人在工作中都有忽略细节的毛病，总想着迅速地把某件事情做完。结果出现问题后，只能不可避免地重新做一遍，不仅工作效率低，还造成了更多的资源浪费。其实，这都是工作不严谨、第一次没有将工作做到位造成的。

在华为，曾发生过这样一件令人意外的事。

1999年春节，华为样板局意外地暴出了基站的问题，东北的用户投诉不断。大年三十，以开发经理为首的“救火队”紧急出动，前往天寒地冻的东北。“救火队”到达目的地后，第一个难题就迎面而来：基站在30多米高的铁塔上面，如果要分析故障的原因就必须登上铁塔，可是在严寒的冬季上铁塔是一件非常危险的事情。“救火队”队员顾不上个人的安危，冒着生命危险爬了上去。为了找到故障发生的原因，在之后的几天时间里，他们在东北严寒的冬夜中持续工作，还要多次外出试验。

一个星期后，他们才发现了故障原因，原来是温度太低导致基站不能正常工作。不过，得知这个结果，开发人员的第一反应是“不可能”，因为他们确定基站已经顺利地通过零下40摄氏度的低温环境测试，而且还有实验数据为证。最后，“救火队”只能回到深圳召开会议，通过对以前的实验报告进行分析，他们终于发现了问题所在。

原来，在发货之前，由于客户要货时间紧急，开发人员便与测试人员联合起来做环境实验。那时候，搭建测试环境的环境实验箱在深圳西乡的富成大楼，而用于基站连接的交换机却在建成大楼。大伙儿就想出了一个“取巧”的办法：基站不与交换机连接，直接使用一个测试软件来测试。结果，基站的隐患就被忽略了，它们就这样“顺利”地通过了测试。

工作中遇到的很多困境其实都是工作不到位造成的。就像华为开发人员想出的这个“取巧”的办法，其实就是工作不严谨细致的表现，这也让华为人付出了更高的代价：“救火队”的所有成员都得了重感冒，公司也花费了大量的人力、物力；更重要的是，这件事情严重地影响了华为的产品形象，在客户心中留下了很不好的印象。因此，“严谨细致，把工作一次就做对”是对一个员工最基本的工作要求，第一次不把工作做好，只能带来更多的消耗，是一种低效的工作行为。

在华为，任正非极力推崇一步到位的精神，因为第一次没有把事情做好，结果付出更多操劳，长此以往，华为就不会有希望。

在华为研究实验系统的一次大会上，任正非强调：“做工作是一种热爱，是一种献身的驱动，是一种机遇和挑战。认真地做好每一件事，不管是大事还是小事。只有全身心地投入，认真细致，潜心钻研，才会有爱因斯坦、居里人人、瓦特与贝尔……才会有未受过系统教育而成为发明大王的爱迪生。”

任正非经常去德国和日本等工业发达的国家考察，因为这些国家的员工有严谨的工作作风，凡事追求将工作一次就做对。在任正非看来，日本企业的员工似乎从骨子里散发着严谨的味道，而且这种精神会影响到身边的人。

曾有一个从日本回来的中国人，准备在家乡投资开一家日式料理店。他首先选择了10个有发展潜力的店面，然后仔细地把这些店面的地理位置、环境、布局等方面的优势和劣势列成清单，反复比较后，筛选出其中的3个。最后，他又列出了一张更详细的清单，并且在委托信息咨询公司进行市场调查以后，才将店面确定下来。

店面装修的时候，他将店内所有的空间，包括厨房、卫生间、门厅，甚至店外都精心设计一番，可谓精细到极致。他的朋友都有些"看不惯"了，说他去了一趟日本，竟然也变得像日本人那样婆婆妈妈，一点儿都不豪爽了。但等店面装修完，这些曾经抱怨过的朋友确实感受到了店内的舒适感。

等到一切就绪，朋友便催他赶快开业，说："早一天开业就多赚一天的钱。"可是，他却一点儿也不着急，说还要花一个星期的时间收集建议，改正店面存在的问题。他说："在日本，不能让客人等候超过5分钟，不能让客人有任何不满意的地方。现在开业还没有把握，我们要多花一些时间找出毛病、找到问题，开店要一步到位。"

日本企业之所以强大，很大程度上得益于其严谨的工作作风，能够将工作一次做到位。任正非希望，华为人也能够像日本、美国和德国等国家的员工一样，工作踏踏实实，第一次就把事情做对，那么华为的产品就能够与世界一流企业的产品媲美，华为公司就能够逐渐赢得客户的信任和尊重。

2015年，宋敏（化名）以80%的超高得票率当选终端制造部生产准备部五车间的"成长之星"。大家对她的评价是：个子不高，腼腆爱笑，眼神中透着股坚毅的力量。宋敏是车间里包装预配岗位的一名普通女工，她也是松山湖华为南方工厂里仅有的2%的女"全技员"之一。

宋敏2014年5月加入生产车间，在导师的引导下负责手机彩盒预配业务。起初，她的工作总是出错，最后不得不向导师寻求帮助。导师把多年的实践经验告诉她，就是一次性把事情做对。导师说这是指导手册里面学不到的"武功秘诀"。在刚开始工作时，要追求操作的正确性，切不可追求速度，要确保每一个步骤做到位，然后慢慢加快操作速度。在导师的指引下，宋敏还向零缺陷员工学习，观察他们的作业方法；业余时间多研究违规操作的案例，从错误中成长。在导师的帮助下，宋敏掌握了"独门绝技"，作业质量和效率在短时间内迅速提升。

一次把事情做对是华为人的工作法宝之一，它锻造出了高效的执行力。如今，就像任正非希望的那样，华为人做任何事都会十分认真，并保证第一次就做好，这种严谨的工作作风也广泛地被员工所接受。

在一次全公司确认“职位等级”的会议上，干部部部长郑树生有事缺席，就让他的一位下属代替参加。会议上，这位下属把一份市场部的“职位等级表”拿给孙亚芳看。孙亚芳随便翻阅了一下，问道：“郑树生看过了吗？”这位下属先是一愣，然后用不太确定的语气回答道：“应该看过吧。”孙亚芳立即严肃了起来，并很坚决地对这位下属说：“不能是应该，有就是有，没有就是没有！”

任何工作都应该做到一步到位，既不能投机取巧，也不能急功近利。我们应牢记“取巧”的代价，学习“一步到位的开店精神”，也应做到孙亚芳要求的那样，坚决不使用“应该”一词。就像跨越鸿沟一样，我们绝不可能分两次跳过去，必须一步跳到对岸，否则就会摔得粉身碎骨。

不但要做，而且要做好

许多人在面对领导的批评时，常常说“我做过了”，事实上这背后总是包含着“没有做好”这样的事实，他们只不过是希望领导看到自己的苦劳罢了。然而，在以成果为导向的执行要求下，所有的评价自然必须看到最终的价值贡献。

员工在心理期望上将“我做过了”等同于“我做好了”，其实是一种目标被置换的典型表现。美国管理学家约翰·卜那提出了“目标置换效应”：对于一项工作如何完成的关注，使得一个人的心思渐渐地被如何进展和解决这项工作的方法、技巧等所占据和困扰，反倒忘却了对最终目标的追求。换句话讲，是“工作完成了没有”逐渐被“工作如何完成”替代了。

目标置换效应的产生，是由于组织在运行的过程中，员工或追求完美，或墨守成规，或太过看重为了实现目标而采取的手段及技巧等，而忽视了目标，使得行为产生了一种“偏差”和“错位”。其结果是：工作努力了，结果却是一塌糊涂！

埋头苦干的精神值得提倡，也让人敬佩。但在苦干的时候，要抬起头看看自己做得是否正确，方法是否得当，是否在做有价值的事，千万不要迷失于过程。

当年华为在设计CT2（无线通信的一种制式）时，投入了大量的时间和精力。先成立了项目组，花费了几个月的时间学习新的CT2技术，随后与广州电信局签订了CT2公众网络的合作协议，项目组开始了研发工作。但在研发过程中，无线射频开发遇到了很大的麻烦，由于对CT2技术并没有完全掌握，只能靠研发人员埋头苦干，技术突破迟迟没有进展。

此时，市场上传来了一个消息，GSM（Global System for Mobile Communication，全球移动通信系统）公众网发展已经取得了突破，反观CT2技术却先天不足。就这样，花费近两年时间的CT2“下马”了，所有努力都付诸东流，没有得到任何的市场回报。

最后，华为进行了反思：立项时，没有做调查和评估；在无线射频技术上国外已有先进经验，而自己却在闭门造车。

华为在CT2的实现过程中非常努力，但没有以目标为导向进行工作，一味地依据主观判断去开发产品。最终，过程很努力，结果很悲惨。

我们要警惕这种状况的出现。凡事应该以结果、目标为导向进行工作，不时驻足思考，确认是否存在偏差。经过不断地检查和反思，华为逐渐克服了过程取代目标的工作方法，并让以结果为导向的工作思路体现在每一项工作中。

2005年，颜年勇加入华为，一个月后他就被派到尼日利亚支持非洲首个大型国干项目。首次接任PM（项目经理）的他面对客户的频频投诉和通信新兵的身份，内心是有点恐慌的，但他只能迎难而上。这是一个联合投标项目，其中涉及的因素众多，一边是分包商能力的欠缺，一边是客户对项目进度的不满。

在这种两头夹击的情况下，他只有请客户、分包商共同赶赴现场核实情况，让客户看到分包商由于第一次在国外承包项目，确实存在资源和能力上的不足，并意识到现场交付的成本要远远高于预期。回去后，他与客户一起说服分包商和平退出总包，并引入另外两家分包商。在交付进度得到保障后，再与客户讲事实、摆道理，最终客户同意变更合同，提升单价，实现了客户、华为、分包商三方的共赢。

刚上任的颜年勇面对困难，深入调查，与相关方沟通，然后有针对性地开展工作，保障了项目的顺利进行。

很多人在工作中常常迷失于过程，对于目标完成情况全然不知。换句话说，没有一个有效的办法来监督目标的完成情况。此时，华为项目管理中的目标管理卡的作用就凸显出来了。

具体来说，目标管理卡记载的内容涵盖了目标责任者在目标管理中的全部活动，既有责任者的目标与责任（包括目标内容、目标值要求及完成期限），也有管理者提供的条件和授权。目标管理卡还列明了实现目标的对策措施及进度安排。目标责任者要进行自我控制，管理者要进行监督控制，双方向完成对时间的管控。

由于目标管理卡规定了目标项目和目标值、实现目标的要求等，既便于目标责任者据以进行目标实施成果的自我评价，也便于管理者将之作为考核评价目标成果的凭证。

华为公司通过目标管理卡设定了预期目标、实现办法及完成期限作为目标考核的依据，并采取自我评价和管理者审核相结合的方式，对目标执行者的目标达成情况予以考评，其目的是掌控员工工作进度、激励员工。

目标管理卡没有固定的格式，可根据不同任务的特点自行拟制。为了使目标任务和目标的执行产生更明显的视觉对比效果，还可以将表分为“计划”和“实际”两栏，更利于对目标实施进度和状况加以跟踪，及时调整工作进度和提升工作质量。

所以，当我们为目标不懈努力的时候，也要在合适的时间跳出我们的工作，回头看看我们所努力的过程是不是通往目标的方向。如果发现自己努力的方向歪了，就要立刻矫正它；否则，就算我们“做过了”，结果也不等于“做好了”。

第3章 流程与标准

当我们真正实现全流程贯通后，预计结果应该是简化管理、减少编制、操作更加及时准确，也意味着我们的利润会增长。

任正非

不产粮食的流程都要砍掉

在执行工作中，应懂得化繁为简，通过流程优化，让各个环节变得简单朴实，那么任务完成时间就会大大减少，失误率也会大大降低。

对此，在华为的内部文章中曾有这样的论述：

我们正在强化业务流程重整的力度，用ISO9001来规范每一件事的操作，为后继的开放式网络管理创造条件；用MRPⅡ管理软件，将业务流程程式化，实现管理网络化、数据化，进而强化我们公司在经营计划（预算）、经营统计分析与经营（经济）审计上的综合管理。

为了使工作流程缩短，支持准确度增加，工作效率大幅度提高，我们还建立了开放的多层、多级专业管理平台，确保公司经营活动的迅速展开。每一个平面的责任中心分工明确，责任清晰。通过多级责任中心的协调配合，建立起开放的管理平台。无论何时何地，任何级别的员工都能够及时、直接、快捷地得到支持。

可见，流程对工作效率的影响力是巨大的，也正因如此，诸如华为等成功企业都会考虑从理顺流程入手，简化工作，以实现高效的时间管理。

华为一位中层管理者指出："我现在最大的爱好之一，就是分析工作流程的网络图，每一次能去掉一个多余的环节，就少了一个工作延误的可能，这意味着大量时间的节省。这两年来，我去掉的各种冗余工作环节达70个，粗略评估一下，省下的时间高达3000多小时，也就是120多天啊!"

崔西定律也指出："任何工作的困难度都与执行步骤的数目平方成正比。"所以说，高效的管理必然是一条精简的流程。

自2000年华为成立资料开发部以来，资料的制作和管理经历了从无到有，从有到全，从全到简，从简到精的螺旋式发展。华为资料部员工在工作中不断寻求更好的方法，提升工作效率。

资料开发部最初学习欧洲友商提供的关于技术、安装、操作、维护、运行、验收6本书，文档足有两大箱。反观华为，资料只有一个便携机包。经过努力，在2005年，华为制定出《华为售后文档体系V6.0》，资料也从6本增加到34本。暂时满足了国内客户的需求。但随着华为向海外市场拓展，新的问题又来了，客户反映“资料不完整”。2009年，他们联合服务部、市场部输出了《产品包资料清单V2.0》，将文档增加到113本。经过8年两次资料清单升级，文档数量大大提高。但资料开发部认为，是否完善应由客户说了算，因此资料开发部员工对客户进行了满意度调查，调查结果显示出众多的问题。大客户T说：“操作指南太专业、规模太大，没兴趣看下去。”服务工程师A说：“资料规模太大了，找不到所需要的。”开发项目经理B说：“资料至少要精简50%，查起来太费力。”基层资料PLC说：“要交付的资料太多了，有些资料一线并不需要，工作越来越累，质量难以保障。”

资料开发部经过分析后，得出结论：客户希望看到易用的资料以提高工作效率；服务工程师希望快速定位所需资料以降低成本；产品开发人员希望资料精简以减少人力投入；资料部人员则希望从繁重的写作中解放出来，做更有价值的工作。

怎么办？资料部员工认为必须精简资料。最终，他们确定了以结果为导向的工作方法：一是转变视角，即为客户写资料而不是为产品写资料；二是关注客户体验，即在考虑满足客户需求的基础上，为用户提供更好的信息体验；三是走近客户，即抓住一切机会去贴近用户，了解用户的需要，然后再写资料。

通过努力，他们做到了“零”资料，“零”并非没资料，而是客户感知不到资料的存在，意味着客户相当满意。

在华为，流程参与者都会有效利用“ECRS分析法则”对工作进行简化，以实现流程精简化。

所谓“ECRS分析法”，即取消（Eliminate）、合并（Combine）、重新排序（Rearrange）、简化（Simplify）。

◎ 取消（Eliminate）

如果流程中各个环节结束后未创造出预期的价值，那么流程的执行也就失去了意义，执行流程只会平白地消耗资源。只有删除那些冗余的流程，才能将有限的资源投入到其他流程中去，在总体上缩短流程周期。

2009年，任正非向华为全体员工发出指示：让一线直接决策！他曾经百般周折地将一个庞大的企业集团牢牢地控制在手中，而如今，在一线上奔忙的员工却渐渐缺少了创业时的激情和敏锐。他发现：企业中设置了过多流程控制点，冗余的环节阻碍了上传下达的流畅性，降低了员工工作效率。

任正非认为，取消流程中的冗余环节，是优化工作程序、提高工作效率的第一步。使用这种方法时，必须充分考虑企业的内部控制环境。

◎ 合并（Combine）

合并的作用不仅在于化零为整，更在于能叠加优势、消除劣势。在华为，如果当前的工作环节皆不能被取消，那么管理者就会换个思路，将各个环节适当加以合并。合并是指将两个或两个以上的事务或环节合为一个。

（1）工序、工具的合并。

在很多情况下，各个环节之间的生产能力不平衡，有的环节人手短缺，有的环节则人浮于事，忙闲不均，将这些环节加以调整和合并，往往能去劣存优，取得立竿见影的效果。

（2）合并上下环节。

将一项任务的多个环节分别交给几位执行者，可以大大加快企业内部物流和信息流的速度。但是，从上一个环节到下一个环节的交接过程，也可能是一次发生错误的机会。因此，为避免出现交接时的失误，可将多个环节的工作任务交由一位执行者全权负责。

华为通常会指定一位员工负责一个产品或服务的全过程——从下订单到发货或从服务开始到结束。这些员工在服务业组织中被称为“个案员”或“个案经理”，是客户与企业的单一接触点。

（3）合并相似的环节。

常言道，熟能生巧。对于任务相同或相似的环节，可以将之合并，由一位执行者来完成该环节的操作，最大限度地减少在人力和时间方面的浪费。

2007年，华为在人力资源部的主持下，对员工的岗位职责和操作流程进行重新分析，合并一些任务相同或相似的作业环节，提高单个工作环节的工作效率。

◎ 重新排序（Rearrange）

所谓"重新排序"，是将所有作业环节按照合理的逻辑重排顺序，或者改变其他要素顺序后，通过改变各环节的顺序（如前后工序的对换、手的动作改换为脚的动作、生产现场机器设备位置的调整等），使各环节重新组合，使作业更有条理，工作效率更高。

工作流程中可能只有几个环节，也可能有数以百计的作业环节。如果各环节排序不当、不合逻辑，会造成工作秩序的极大混乱，无形中延长了作业时间。

任正非曾在一次市场庆功及科研成果表彰大会上发表讲话，他要求："员工参加管理，不断地优化从事工作的流程与工作质量……改革一切不合理的流程。"自此，员工们开始着手对不合理的流程进行变革，对不合理的环节进行重新排序。

◎ 简化（Simplify）

对于一些复杂的环节，可以借助一些现代手法予以简化，如信息技术。信息技术可以成为一个流程加速的强大工具，如果用于基础扎实的流程，信息技术能够大大增强它的能力。

以数据采集、数据传送为例，华为采用机器代替部分人力数据采集工作，降低了人为差错率；而自动化的数据传送，避免了对已经存在于一个系统里的数据的重复录入，省掉数据不匹配带来的麻烦。这两方面节省了大量时间。

其实，越是复杂的流程，越可以用精简的方法加以改善。借助"ECRS分析法"来设计工作流程中的每个环节，可以使得流程由复杂变简单，完成任务所需的时间也会因此而大大减少。

穿上一双“美国鞋”

现代社会，知识和技术总是在快速地更新中，只要你稍有停顿，就可能与别人拉开很大的差距。世界500强企业就流传着这样一条知识折旧定律：“一年不学习，你所拥有的全部知识就会折旧80%。”你今天懂的东西，到明天早晨就过时了。现在有关这个世界的绝大多数观念，也许在不到两年的时间里，将成为永远的过去。

因此，这些企业的员工一直以来都有一个共识：要想让自己处于领先地位，就要跟上时代的脚步，让自己不断地进步。然而，如何才能跟上时代的脚步？不少人的想法是不断地学习以达到自我优化的目的，主动学习、努力学习，尽力跟上别人的脚步。这种努力的精神的确值得提倡，但是并不能保证让你掌握最先进的知识和技术，而且很有可能会走弯路。

任正非意识到这一点，他曾自我反思说：“过去我们对如何提高企业核心竞争力有误解，太强调自主知识产权的重要性，什么事情都要自己做才好。这是一种错误的观念，因为它没有从业务的角度去考虑提高我们的核心竞争力。知识产权倒是自主了，但是自己做出来的东西总赶不上市场的时间，质量和竞争力也很差，这种自主知识产权有什么用呢？”

那么，有什么办法可以让华为走“捷径”呢？任正非想到了一点：买一双“美国鞋”，向西方大公司学习管理经验，可以让自己少走弯路。

在《活下去是企业的硬道理》中，任正非阐述了他在直接引进外部资源这个问题上的观点。任正非说：“华为公司从一个小公司发展过来，是在中国发展起来的，外部资源不像美国那样丰富，发展是凭着感觉走，缺乏理性、科学和规律。因此，要借助美国的经验和方法，借用外脑。”

1997年年底，任正非一行来到美国，这一次并不是旅游散心，而是访问了包括思科、IBM、惠普和贝尔实验室在内的几家享誉全球的美国公司，希望引进这些公司国际级的管理体系。这次美国之行，任正非特意了解了IBM的产品开发模式、供应链管理模型等。最后，华为决定与IBM合作，高价聘请数十位IBM的专家帮助华为进行一次大规模、全方位的管理改革。

美国之行奠定了华为引进国际级管理体系的基础，任正非解释道："我们只有认真地向这些大公司学习，才会使自己少走弯路、少交学费。IBM的经验是他们付出数十亿美元的代价总结出来的，他们经历的痛苦是人类的宝贵财富。"

1998年8月，华为正式与IBM公司启动了"IT策略与规划"项目，开始规划华为在未来3～5年内须开展的业务变革和IT项目，包括IPD（集成产品开发）、ISC（集成供应链）、IT系统重整、财务四统一等8个项目。除此之外，华为还从著名的人力资源公司HAY集团引进了"职位与薪酬体系"，并将英国国家职业资格管理体系（NVQ）引入企业职业资格管理体系等。华为的整个企业管理运作层大规模、全方位的变革运动开始了。

对于这种技术"拿来主义"，任正非肯定了它对华为的意义。对此，任正非说过这样一番话：

至今为止（2005年），华为没有一项原创性的产品发明，主要是在西方公司成果上进行一些功能、特性上的改进和集成能力上的提升，更多的是表现在工程设计、工程实现方面的技术进步，与国外竞争对手几十年，甚至上百年的积累相比还存在很大的差距；对于我们所缺少的核心技术，华为都会通过购买的方式和支付专利许可费的方式，实现产品的国际市场准入，并在竞争的市场上逐步求得生存，这比绕开这些专利采取其他方法实现的成本要低得多，由于我们支付了费用，也实现了与西方公司的和平相处。

事实上，华为在产品的工程实现技术方面经常遇到瓶颈，包括算法、散热技术、工艺技术、能源、节能灯等方面出现的问题都曾是公司发展的障碍。为了解决这些问题，华为不能全靠自主研发，否则市场机会早就没有了，只能采用直接购买技术的方式来缩短差距并构筑领先的地位。

然而，正如哈佛大学教授约翰·科特在《变革之心》一书中所说："变革最大的阻力就是组织内部原有的观念。"当时的华为集中了中国IT领域近万名优秀人才，这些人才的脑子里充满了各种各样的想法，甚至还有许多质疑。

任正非意识到，在新的知识和技术面前，华为人要敢于否定自己的弊端并主动吸收别人的优点，“削足适履”才能让自己有所突破。

重新设计流程

事实上，华为在实施流程改造和优化的过程中，经历了无数的痛苦和反复。

1998年8月，华为与IBM的合作项目“IT策略与规划”正式启动。项目的主要内容是规划和设计华为未来3～5年内须开展的业务流程和IT支持系统，包括集成产品开发、集成供应链、IT系统重整、财务四统一（财务制度和账目统一、编码统一、流程统一和监控统一）等8个项目。

IBM顾问团队在1999年的调研报告中指出，华为的供应链管理水平与领先的跨国公司相比，存在很大差距：华为的订单及时交货率只有50%，而同行业领先的跨国公司的平均水平为94%；华为的库存周转率只有3.6次/年，而跨国公司平均为9.4次/年；华为的订单履行周期长达20～25天，而跨国公司平均水平约为10天。IBM顾问指出，华为的供应链管理仅仅发挥了20%的效率，拥有很大的提升空间。

IBM顾问团队经过长期调研，指出华为供应链管理效率低下的问题，但要想提高供应链管理的效率，仅仅提升产业链控制力是不够的，更应该提升“端对端的整合力”，即在从原料采购到客户管理等各产业价值链环节中，依靠自身的独特竞争优势来重新整合原材料、制造、渠道、品牌等资源，重新设计新作业流程。

所以，当我们发现整个流程出现不合理之处时，我们不妨学学华为人的做法，将现有的作业流程推倒重来，通过改换方式来完成流程优化。

通过对流程的诊断步骤，如果发现流程中出现问题，我们就要开始考虑重新设计流程。不过，虽然是重新设计流程，但必须在充分理解工作任务的基础上进行设计。因此，华为人对新流程设计的要求必须遵循三个步骤。

第一步，要深层次地理解现有流程。虽然不必了解所有细节，但是必须找出所有核心流程。此时，华为员工会通过“5why”分析法[1]来识别所有问题环节中的因果关系或6～8个核心流程，并在结束这一阶段之前，分析每个流程的关键步骤及其对现有流程的产出结果。

第二步，华为员工开始对新流程进行设计。在将思路转变成设计的过程中，华为人会广泛征求对于流程、人员和技术的意见，同时会进行多次深入检讨。在整个过程中，华为人都会把“以最快、最好、最省、最简单的方式做最正确的事情”作为新流程设计的原则。

第三步，新流程设计完成后，华为员工会通过局部试点的方式进行检验。考虑到新流程设计的高风险性，局部试点一般不选择核心流程，而是选择辅助流程。因为在见效比较快、职工基础好、管理者认识到位、对核心流程不形成致命影响的流程段进行试验，对工作的负面影响是最小的。

为了更全面地验证实施方案的科学性和适应性，华为人会同时进行多点试验，或者进行长效试验、多轮反复试验，以期取得比较完整、可信度高的原始验证数据。新流程中各个环节的协调，不仅表现在执行任务时员工之间的信息交流和沟通及对异常的检测和处理上，而且在新流程设计时，必须充分考虑流程中人、技术和管理等要素的和谐问题。环节协调是新流程设计过程中较为重要的阶段。

为了让新流程运作更为协调，华为进行新流程设计时会遵循以下规则。

首先，要保证信息顺畅流转。为此，华为采用工作流和门户等信息技术，实现信息在各环节之间的顺畅流转，及时沟通情况和传递信息，保证配合顺畅，提高流程的效率。

其次，要提高各环节操作者的能力，尽量减少各环节间高频率支援的概率，从而简化协调的环节。

华为在北非所配备的人力资源远没有国内齐备，常常要求一人多能。那

1. 最早由丰田佐吉提出，又称“5问法”，即对一个问题点连续以5个“为什么”来自问，以找出其根本原因。在具体实践时，不仅限于5次追问，而是要直至找到根本原因为止。

些客户通常要求企业对问题要有综合性的快速判断和结论，即华为必须在第一时间拿出解决方案和交付使用方案。客户的需求是多方面的，而接触客户的一线员工都是多面手。由客户经理、问题解决方案专家、交付使用专家3个人组成一个小组，可以就任何涉及工程合同的问题，现场拍板做出决定。这种高效工作模式让整个流程顺畅、快捷，为客户所称道。

再次，要减少各环节操作者面对面直接交流的次数。

华为公司的采购流程优化工作，通过共享数据库的方式来简化部门之间的协调，减少了各环节操作者面对面直接交流的次数，从源头上控制了频繁交流带来的时间浪费，并降低造成理解误差的可能性。

最后，要采用全局的并行工程观点。流程各合作方的关系是相对的客户—服务的关系，但不是单向直线关系，而是双向反馈关系。这就要求各环节之间的协作能突破所在环节的限制，树立并行工程作业的思想，充分利用网络通信、共享数据库和远程会议等系统来协调各并行的独立活动，尽量避免各环节操作员工产生冲突。

新流程设计完成并不代表流程优化的结束，任正非要求各环节的操作者在接下来的操作中不断完善流程优化的结果，因为只有各环节始终保持协调运作，才能达到业务流程重新设计的最初目的。

改革一切不合理的流程

不管是在流程优化阶段，还是在新流程的试用或成熟阶段，华为自始至终坚持持续对现有流程进行改善，力图使作业流程达到最佳运行状态。

华为的数通产品线曾发生过这样一则案例：

2008年，由于某产品版本规模较大，维护工作进行缓慢，且产品还要频繁升级，以至于客户投诉不断。分析原因，原来是结果导向不够、责任不明确造成的，以至于一旦出现问题，就会发生互相推卸责任的现象。员工们都习惯于吃大锅饭：做好了，不知道表扬谁；做砸了，不知道批评谁。这样，客户反映的问题就不能得到快速解决。曾经有一个测试经理抱怨，一个问题定位转了26道手，效率极低。

因此，产品线所在部门决定从组织流程等方面彻底进行根治。对内确立“责任田”，让开发、系统设计、解决方案、营销等领域的员工各司其职；对外，安排骨干员工对客户进行跟踪服务，倾听客户的需求、意见和抱怨，并上门给客户道歉。经过对一系列流程、规范的“倒梳理”之后，该产品线明确了内部责任，各流程之间也实现了更好的衔接，流程简化了一半，仅数通芯片的量产周期就提升了50%。这样，该产品线终于打了一个翻身仗。

后来，数通产品线的工作人员回顾这一段历史的时候都感慨道：“自我批判帮助我们剔除了组织流程中的重复杂乱和无效的部分，让我们浴火后涅槃重生，走出了困境。”

华为在对原有的业务流程进行系统分析的基础上，根据企业自身的发展特点，改革一切不合理的流程，使业务流程达到高效率、低成本，并且能够快速响应需求变化。

正如华为在《华为基本法》中所强调的：“提高流程管理的程序化、自动化和信息集成化水平，不断适应市场变化和公司事业拓展的要求，对原有业务流程体系进行简化和完善，是我们的长期任务。”

在流程再造中，改革不合理的流程可以通过衡量流程中各个环节安排的力度，通过适当的调整，保证流程的合理性，还可以起到化繁为简的效果。

邵莉于1999年加入华为，是供应链计划调度和订单领域业务的骨干，2014年获得公司“蓝血十杰”的称号。1999年，初入职场的邵莉正赶上财经要求实现1C1O（1个合同1个订单），领导便让邵莉来做，她就这样上任了。

2003年ISC（集成供应链）上线，订单的内容和结构发生了变化，一个要货批次生成一个订单。由于订单量大，导致ERP系统运行异常，生产排产计划也受到影响，出现了装箱单结构紊乱等问题。邵莉创新提出taskorder（备货订单）概念，对产品整机装配，理货包装。此举保障了从订单生成到理货包装的自动化运转，无须人工干预。

2008年，公司海外业务急剧增加，单供应中心的模式难以覆盖全球业务，巴西、欧洲、印度和墨西哥供应中心陆续成立。邵莉组织设计出适应多供应中心的模式。当客户合同下单到供应链系统后，系统自动运行，缩短了货期。

当然，对于这种全方位的流程变革，任正非也有自己的担忧，他认为一个有效的流程应该长期、稳定地运行，希望华为人不要随便创新，要保证流程的稳定性。任正非在《华为的冬天》一文中指出："尽管我们要管理创新、制度创新，但对于一个正常的公司来说，频繁地变革，内外秩序就很难安定地保障和延续……变革，究竟变什么？这是严肃的问题，各级部门切忌草率。一个有效的流程应长期稳定运行，不应有一点问题就去改动它，改动的成本会抵消改进的效益。"可见，企业的流程再造确实是一个严肃的问题，必须有强烈的流程认同感，并严格把控流程工作质量。

2012年，章李满担任沙特代表处销售副代表，负责代表处日常业务管理工作。工作中经常听领导说要以"流程管事"，却总是似懂非懂。"流程管事"的理念始终没有真正在他身上落地生根。

2013年，章李满被调到地区部总裁办，负责流程、质量、运营、变革等工作。他感觉自己是"赶鸭子上架"。上任后，他的第一个任务是简化一线交付项目组车辆申请处理流程。章李满通过详细调研和访谈，将多个审批环节简化为在90%的情况下直接在代表处闭环，审批周期从原来的十几天缩短到了几天。申请车辆只要打开一张申请表模板就可以处理，无须查阅相关文件要求。这件事，让他对流程有了一些认识。随着工作的不断深入，章李满对流程的认识程度也日益加深，强烈地感受到"流程管事"，就是要把问题挡在事前，而不是在事后做"救火队长"，要对流程质量工作设置短期和中长期目标，抓住主线管理流程质量工作。

章李满在流程管理的认识上，从模糊到被动执行，再到主动控制流程质量工作，让地区部的各项运转工作有条不紊地进行。

改革一切不合理的流程是提高组织和个人执行力的一个重要途径。正如著名管理学家迈克尔·哈默说的："任何流程都比没有流程强，好流程比坏流程强；但是，即使是好流程也需要改善。"

先僵化，后优化，再固化

在进行内部改革过程中，很多人对于国际先进的管理技术提出了“根据中国国情、根据实际情况进行改造，有选择性地应用”。还有一些人质疑“美国鞋”是否适合华为，甚至有一些“自负”的华为人认为华为现有流程优于IBM的管理流程，根本无须改革。

华为人的过分自信让任正非很恼火，他在内部员工交流会上做出了严厉的批评：

我最恨“聪明人”，认为自己多读了几本书就了不起，有些人还不了解业务流程是什么就去开“流程处方”，结果流程老出问题。我们将通过培训、考试竞争上岗，即使有人认为自己比IBM的专家还要厉害，不能通过考试的也要下岗。

对于华为的内部变革，任正非是最坚定的一个人。他甚至把这次变革称为“革自己的命”。因为在引进IBM的IPD之前，华为基本上没有研发计划，而是通过高层指示直接进行研发工作的。华为人觉得，就算现在引进了IPD，华为有了研发计划，但相应的评审还是技术型的，不是业务型的，大多数人觉得计划可行就上，根本不考虑市场问题。因此，任正非要求华为坚决实施改革。任正非认为，没有研发计划很容易导致产品与技术开发重合，以至于合适的产品迟迟没法推出市场，或者由于相应的评审和决策仅仅出于主观判断，没有考虑市场需求，最终导致产品得不到市场的认可。

为了坚决推行IPD，任正非向华为人这样解释：

IPD关系到公司未来的生存与发展，各级组织、部门都要充分认识到它的重要性，通过“削足适履”来穿好“美国鞋”的痛苦，换来的是系统顺畅运行的喜悦。

“削足适履”出自于《淮南子·说林训》中的“譬犹削足而适履，杀头而便冠”，用来形容那些不根据实际情况而盲目套用的人。任正非为了加快华为的国际化步伐，宁愿削掉自己的“足”，也要穿上IBM这些拥有国际级管理技术的公司的“履”，可见任正非铁腕推行IPD的决心。

1999年11月，任正非第一次在华为提出业务流程变革的三部曲：先僵化，后优化，再固化。任正非要求华为人在变革最初的3年里以理解消化为主，之后再进行适当的改进。也就是说，华为员工在第一阶段必须“被动”“全面”接受引进的管理技术，等到对整套系统的运行有了深刻的理解和认知以后，才能进行调整优化，最后形成适合华为人的管理方法。

对于“先僵化，后优化，再固化”的方针，任正非在华为的干部会议上这样告诫员工：

5年内不许你们幼稚创新，顾问说什么、用什么样的方法，即便你们认为不合理也不许动。5年之后，把人家的系统用好了，我可以授权你们进行局部的改动。至于进行结构性的改动，那是10年之后的事情。

华为的发展实践证明，任正非选择的“先僵化，后优化，再固化”的方针是十分明智的。华为是高级知识分子聚集的地方，每个人都有自己独到的见解，如果还没有实践引进的管理方法，便直接进行“优化”，员工就会单凭个人经验来套用新的规则，就会陷入形而上学，内部也很容易出现争执。就像任正非说的那样，华为员工很聪明，思想和见解也很多，认识不统一，如果任其发展，容易分散精力。另外，引进新的管理办法一定会触及一部分人的利益，这些人在“优化”的时候，就会找出很多理由，成为变革的阻力。

在“先僵化”阶段，面临最多的是内部的压力。曾在集成产品开发推进小组工作过的员工说，他们整天都会受到研发部门和销售部门的批评，许多言辞相当“刺耳”。但任正非并没有放弃。

华为人经历了僵化阶段的困难期后，任正非要求华为员工将已经僵化的管理方法结合中国国情灵活运用，即进入优化阶段；之后，再将优化的结果加以制度化、程序化和规范化，即进入固化阶段，这也意味着华为的管理有了重大的进步。

曾经有员工问任正非：“我们请了一些德国专家，在合作过程中我们内心有许多矛盾，为什么要全听他们的？我们应该向德国专家学一些什么东西？”任正非的答案很坚决，他说：“我认为小孩儿要先学会走路再去学跑，现在我们还是幼稚的，多向人家学一学，等你真正学透了以后，你就可以有思维了。先形式后实质，也是我们公司向外面学习的一个重要原则。我们在向IBM学习IPD的过程中，从各部门调来一些人，开始也在批判IBM，我将他们全部赶走了。我们就是要好好向人家学，人家就是老师，学明白了再提意见……向人家学习也确实是痛苦的，华为公司就是在‘左’和‘右’的过程中走出来的。”

2003年，随着数十位IBM专家撤离华为，华为的业务改革项目也暂时告一段落，华为形成了以IT支撑的、能够将集中控制和分层管理相结合的、快速响应客户需求的管理体制。随着华为规模的日益扩张，先前遭到内部反对的IPD系统也展现出了它的重要性。这时候，很多华为人才意识到任正非要求华为“削足适履”的良苦用心。

实现工作规范化管理

随着华为的不断发展和业务量的增加，依靠企业家行为已经不能有效地覆盖企业管理的各个方面，客观上要求企业必须根据自己的业务状况制定和执行科学的管理制度和业务流程，实现规范化管理。只有通过这种规范化的管理，才能有效并快速地满足企业的需要。对此，华为内部曾发表过一篇《标准不是一纸空文》的文章，对华为不遵从流程和标准的行为提出了批评意见，文章说：

作为个别用户，您也许体会不到标准有多么重要，但作为一个大型制造企业的内部IT热线中心，我们深深感到制定和推行标准的必要性和紧迫性。当今，信息技术迅猛发展，产品换代日益加快。像我们IT热线中心这样拥有一万多名员工的大公司，如果计算环境不实施标准化，各部门或个人的硬、软件平台全都根据自己的需要进行选择和配置，势必五花八门。那么一旦有人遇到故障，很难想象能够寻出一位“全能技术好手”来应对它，即使是整个IT热线中心全员出动，也未必能够应付这些千奇百怪、毫无规律性可言的各种软件和硬件故障，更谈不上经验积累。

华为17万人和全球几百个国家和地区的业务，没有规则怎么能运行？任正非说：“规范化就是工作模板化，就是我们把所有的工作做成标准的模板，然后按模板来做。”华为人对任正非的话深以为然，经常组织自我批判活动，反思工作中各种投机取巧等不按标准操作的行为。

华为曾针对项目交付发错货的原因进行过分析，如“马电事件”中后方错发了OPM单板。任正非也做了分析，他指出：“首先是合同需求没有理解清楚，没有做出正确合同；合同做正确了，没有正确地录入；录入正确了，没有正确地生产……都会导致发错货。甚至正确的货到了一线仓库也会发错，为什么呢？因为发货的人读不懂合同，所以就发错货了。这样一算下来，公司浪费极其大。我们把这些做好，就能实现账实相符，就能挤出更多效益来，所以信息录入要严格、要准确。”错误的信息导致了错误的结果，这是流程管理流于表面的根本原因。

以BOM（物料清单）为例。华为的BOM在产品设计阶段就会生成，供计划、采购、订单管理、生产、发货、成本核算等部门使用。BOM中的任何一个小问题，都可能导致重大的经济损失，生产流程被打乱、仓库物料流动停止。而且一错，纠正起来损耗非常大，必须追溯到问题的源头，相当于重新走一遍流程。对此，任正非形象地比喻道：“这好比是长江，上游污染了，下游想清亮是不可能的。”

这是不遵从流程的典型案例。后来，华为人意识到每一项工作都是流程的一部分，是流程中的一个节点，自己应在其中扮演一个只拧“螺丝钉”的角色，服务于组织的整体目标。

此外，华为还十分重视将工作内容标准化。美国管理学者詹姆斯·哈林顿曾说过：“量化是管理的第一步，它导致控制，并最终实现改进。如果你不能量化某些事情，那么你就不能理解它；如果你不能理解它，那么你就不能控制它；如果你不能控制它，那么你就不能改进它。”

2012年的某个星期五，是华为南研新员工报到的日子。刚过早上9点，服务台前已经聚集了50多名新员工。负责接待的秘书微笑着迎上去，开始介绍“新员工的第一天”。她一边带着新员工在服务台参观，一边给每位新员工送上入职“小锦囊”。这个“小锦囊”只有几页纸，但从领取办公用机到考勤、报销步骤和方法，从秘书的联系方式到租房信息，一一囊括。

几年前，南研的新员工接待还不是这个样子。那时，各部门的秘书分别对接自己部门的新员工，要各自预定会议室，还要花上2个小时给新员工讲解考勤、报销等工作要求和流程。这些秘书们在新员工报到的当天都在忙碌着同样的事情，而且总是出现因为工作冲突而影响接待的情形。后来，这些部门的秘书们整合和借鉴各部门经验，把新员工接待工作集成到文秘服务台，并制作了入职“小锦囊”，列明各种事项的具体操作流程和相关说明。现在只要一位秘书，就能承接整个接待流程，避免了各自为政的重复劳动。

2011年，南研30多名文员为7000多名南研员工提供了标准化、专业化、集成化的行政服务。当年，她们还获得了金牌团队奖。

华为南研所文秘依据实际情况，制定了规范的接待标准，并贯彻到自己的工作中，大大地提升了工作效率。

为了进一步实现规范化管理，华为在1998年引进了英国NVQ企业行政管理资格认证，首先在秘书部门尝试建立任职资格认证体系与文秘行为规范。引入任职资格标准的目的是帮助华为实现规范化，对此，任正非是这样说的：

英国这个国家，其法治管制和企业管理条例是非常规范化的，在世界上是高水平的。你看看英属殖民地，法治都很好，都是来源于它有周密、全面的法治环境与建设。

华为的这次在任职资格体系改革方面的尝试获得了巨大的成功，不仅解决了秘书的职业法治通道问题，也极大提高了秘书的积极性，工作效率得到明显提升。于是，华为的人力资源部门开始制定其他部门的任职资格体系。

华为还制定了《华为基本法》，实现了公司的流程改革，在制度、流程、监控、编码等方面按照“美国鞋”的要求进行了优化与统一。之后，华为的每个管理者都能够在一段流程上规范化运作，彻底实现“无生命的管理”：即使管理者每天都去打高尔夫，公司也依然能够持续、健康地发展。至此，华为又向国际化企业迈进了一步。

塑造不依赖于人的执行文化

任正非将华为初期的发展看成第一次创业，那时候的华为公司规模小，人也少，是靠着企业家行为，凭着感觉做市场、凭着感觉抓管理的。当公司规模逐渐扩大的时候，从前那种“拍脑袋”的个人化色彩浓厚的行为向职业化管理的转变就成为必然。华为逐渐步入二次创业期，而二次创业的目标，就是用10年时间完成让各项工作与国际标准或国际惯例接轨，塑造出不依赖于人的执行文化。

负责财经工作的钟燕被派至摩洛哥支援项目建设。4个月后，她发现项目路测的成本高得惊人。她认为异常数据的背后，应该是项目管理流程存在问题。

接着，她查阅了代表处的路测框架协议和项目组下的路测分包订单，找到了问题所在——项目组领导没有按站点的方式下订单，导致分包队伍过多。钟燕反映了这个问题之后，项目组马上匹配业务计划制作分包订单的取消计划，计划实施后，项目总成本省了100多万美元。

很快，钟燕就发现了第二个问题——项目的人力成本非常高。她查阅所有填工时的员工信息，发现交付高峰时的90多个员工都没有及时释放。比如，前任项目经理已经离开项目一个多月，仍在这个项目里填工时。于是她与项目计划控制经理一起梳理交付人员，释放了不需要的22个人，对于剩下的人都指定了唯一的工时审批人，并规定新进入项目组的员工要先报备，才能申报工时。钟燕采取的一系列措施，从源头上控制了项目组人员管理混乱的局面。

钟燕所发现的问题是由于项目组领导粗放式管理、随机决断而引发的。实际上，项目组领导的工作重心通常放在项目的交付进度上，对于其他繁杂事务的管理缺少精力和决心。这种现象在工作中较为常见，若有一整套行之有效的管理制度和规范，则可实现“无为而治”，避免决策者们陷入种种困境之中。

“无为而治”是管理的最高境界，是组织在不依赖人为控制的情况下也能达到既定的目标。这也是任正非希望在华为内部看到的，他说：

华为公司最宝贵的是“无生命”的管理体系，以规则、制度的确定性来应对不确定性，争夺大数据流量时代的胜利。5000年来，世界文明古国巴比伦垮了、罗马垮了，但中国没垮。因为5000年的儒家文化，使中国拧成了一股绳。

华为公司最宝贵的是“无生命”的管理体系，因为人的生命都是有限的。我们花了20多年时间，终于看明白了西方管理。只要公司不垮，就能无敌天下；如果公司垮了，这个文化就报废了，管理体系也没用了。我们要保持管理体系能够有活力地持续运行，保持有动能，所以我们要保持盈利，要求大家不能搞低质量、低价格的经营。当然，也不能强调大幅度的激进改进，提出些莫名其妙的口号来。现在全世界没有哪家公司像华为一样，凝聚了十几万人团结起来冲锋。未来的大数据流量越来越惊人，我们代表人类争夺大数据流量未来的制高点，一定能在全世界取得胜利。

可见，任正非认为华为的最高境界就是无为而治。而实现无为而治是管理者实现“从心所欲不逾矩”的长期修炼，行为英雄化不仅会破坏公司的流程化，严重的还会导致公司最终分裂。

任正非希望华为将来也能够像长江之水一样，没有领导者也能自动、自发地奔向成功。

华为的“集体大辞职”就是在一次创业向二次创业过渡时发生的一个关键事件，现在再看仍然感慨颇多。“集体大辞职”开创了制度化让贤的先河，拉开了干部能上能下的序幕。通过岗位轮换，不仅锻炼了老员工，也培养了新的生力军。更为重要的是，这种精神影响了一批又一批的后来者。如今，在华为，干部能上能下、岗位轮换等观念已经深入人心。此外，华为还逐步开始推行干部任职资格管理制度，各项KPI指标被制定出来，使对干部的培养和考核走向了制度化、职业化，华为在通往职业化管理的大道上迈出了重要的一步。

可以看出，任正非不想让华为成为一个人的企业，以前那种凭借几个高层管理者的经验和能力去判断、做决策的时代已经过去。

为了避免这种情况的发生，他提出了“对事负责，不必事事请示”的观点，他指出：

对事负责制，与对人负责制是有本质区别的，一个是扩张体系，一个是收敛体系。为什么我们要强调以流程型和时效型为主导的体系呢？现在流程上运作的干部，他们还习惯于事事都请示上级，这是错的。已经有规定，或者成为惯例的东西，不必请示，应快速让它通过去。执行流程的人，是对事情负责，这就是对事负责制。事事请示，就是对人负责制，它是收敛的。我们要简化不必要确认的东西，要减少在管理中不必要、不重要的环节，否则公司怎么能高效运行呢？现在我们机关有相当的部门、相当的编制在制造垃圾，然后这些垃圾又进入分拣、清理，给一些人制造工作机会。制造这些复杂的文件，搞了一些复杂的程序，以及不必要的报表、文件，来养活一些不必要养活的机关干部。机关干部是不能产生增值行为的。我们一定要在监控有效的条件下，尽力精简机关。

这在华为的干部选拔上有很好的体现。通常，华为会选拔那些从不投机取巧，有责任心、有大局观念又敢于报告真实情况，且脚踏实地的员工。

对于塑造不依赖人的执行文化，任正非说：“我相信这些‘无生命’的管理体系会随着我们一代又一代人的死去而更加丰富完善。几千年后，不是几十年，这些‘无生命’的管理体系会更加完善，同时又充满活力，这就是企业的生命。”

养成规范化的工作习惯

高效的工作有赖于秩序和规范的建立，后者能够体现强迫和监督的功能，从而使人产生一种内在约束感和自律感，这对工作实施进度是一种有效的监控。在这种感觉下，人们不仅能够有条不紊且出色地完成任务，还会节省很多时间。

在香港长江实业集团有限公司董事局主席李嘉诚的工作习惯中，有一点深为众人敬佩，那就是他作息时间的规律性。无论几点睡觉，他一定会在清晨5点59分闹铃响后起床；然后，他会听新闻、打高尔夫；接下来，他来到公司。每天早晨，李嘉诚都能在办公桌上收到一份当日的全球新闻列表，他会根据题目选择自己希望完整阅读的文章，由专员翻译出来。通常，这些经济行业类的报道，都会成为启发他思考的渠道。

他喜欢分析各种报道，然后与自己的公司状况相联系，找出公司可能存在的弱点，开会讨论改变。不过，他并不是一个喜欢通过无休止的会议来获取信息、解决问题的人。例如，在和记黄埔和长江实业的会议上，他听取每个汇报的时间都不会超过15分钟，而更多的时候，他喜欢自己阅读、分析、判断。

一般情况下，李嘉诚每天会在下午6点准时下班。回到家之后，除了打些越洋电话，他还有一项例行功课：晚间阅读。

可以说，在时间上，李嘉诚有着自己的安排，并一直坚持着，他从来不会让自己在时间上有所怠慢。

时间对每个人来说都是公平的，只有合理利用才能获得最大效益，李嘉诚的行动正是如此。而在华为，这种秩序化工作法则也是华为人矢志推行的一种工作法则。

通常情况下，华为员工会找出自己最高效的、最忙碌的工作时间段，并向他人声明：在这个时间段，请勿打扰！如果有自己的秘书，可以由秘书告知来访者："在这个时间段里，（除了××）不接见任何人。"

比如科研人员，虽然他们的工作环境已经极为安静，但是一些着力攻坚的科研人员还是会在自己的办公室门上悬挂一个标志牌，表明其正在工作中，请他人不要打扰。

通过这种方法，他们也在告诉自己：在这段时间里必须专心于计划工作以内的事务，不接受任何打扰。这样一来，华为人建立起了良好的工作秩序，同时也提高了自己的工作效率。

很多人养成了秩序化工作的习惯，可是在具体的工作执行过程中，经常会偏离正轨。他们习惯于改变最初设定的工作标准，按照自己的思路去办事。或许，有时候这种思路是正确的，但大多数时候都会让工作变得更加复杂。

华为对员工的要求是：一旦开始操作，就必须按照工作标准流程进行，并对各个关键环节的执行情况进行监控，以确保工作任务按照计划进度开展，并在此基础上提升效率。

2001年以前，大部分华为人都是凭个人感觉去完成任务的，从未想过把成功的经验和失败的教训总结、固化为流程，让作业更有效率。2001年后，任正非开始重点进行流程建设，华为的新员工培训中也开始加入相关内容。一般来说，华为新员工培训的第三节课上会进行两天的扎线培训。

华为有一套严格的关于扎线的流程，新员工必须按照流程，将电源线、告警线和半波线等分别插上，再按照先后顺序整齐地绑扎，彩色线应当绑扎在外面，而且不能交叉。有的新员工扎了一个上午也没有扎好，而有的员工则在一个小时内便完成了任务。为什么会出现这样大的时间差呢？原因在于前者没有掌握正确的作业流程，而后者则按照流程作业，把握好了各个关键环节，自然可以在最短的时间内完成任务。

所以，在工作的过程中，如果少一些遐想，多一些详细的操作方法、执行规范及操作方案，将有利于提升我们的执行水平和工作效率。

即便我们每天都要应对相同的工作，也应该规范并不断完善自己的工作流程，这样必然能够大幅提升业绩和作业效率。

第4章 目标管理

要想成功，战略和执行力缺一不可。执行力是什么？它是各级组织将战略付诸实施的能力，反映战略方案和目标的贯彻程度。

任正非

跳起来摘桃

工作目标的设置不仅要使目标具有挑战性，还要具有可实现性。也就是说，我们的目标可以是“跳起来摘桃”，但不能是“跳起来摘星星”。

在这一点上，华为人是明智的，就连任正非都自称：“我没有思考什么远大的理想，我正在思考的不过是未来两年我要做什么，怎么做……”

赵东加入华为之前是做并行计算的，来到华为后，从事数据管理软件开发。在工作中，同事们都惊讶于他无论在理论的广度，还是在具体技术细节的深度上，都能做到极致。从2012年12月开始，同事们和赵东一起交付项目。经过10多个月的共同工作，同事们终于找到了赵东总是能够把工作做好的原因。在工作中，他总是主动承担那些具有挑战性的任务，经常活跃在编码一线。哪里有疑难，哪里就有他的身影。每个方案，甚至每段代码，他都会问：“还能更好吗？还能更好吗？”当时，与他一同交付项目的同事胡兵回忆道，某个版本中有一个涉及并发控制的核心逻辑，该逻辑非常复杂，直接影响着数据的一致性。为了保证版本质量零缺陷，赵东几乎到了废寝忘食的地步。那段时间，他为了修改一个核心函数的200多行代码，连吃饭、睡觉时都在思索方案，在班车上、食堂里，甚至与同事一起聚餐时，他都谈论着技术问题，引起大家的“不满”。后来，赵东硬是从原理上进行理论分析，写了长达16页的文档，完整地阐述了算法思想，从理论上证明了方案的有效性。

“木受绳则直，金就砺则利”，正是这种主动挑战难题和对工作执着的精神，让赵东满怀激情地钻研问题，用他的话来说，就是“做有挑战的、自己喜欢做的工作很有趣”。

赵东的成功来自于他对工作的热爱，更来自于他主动迎接具有挑战性工作的精神。设置挑战性的目标，有利于个体的成长，也有利于组织健康向上发展。

我们来看一则“干部高级管理研讨班”中的教学案例。

员工L2013年年底入职，由于他勤奋好学，转正成绩是A；然而他在2014年上半年和2014年年度考评结果都是B。员工Z是员工L的思想导师，工作8年以上，经验非常丰富，是项目组骨干。2015年3月，员工L突出然提出离职，大家都很惊讶这位十分被看好，且有一个优秀导师的员工L为什么会选择离职呢？为此，部门成立了调查组。

调查组在与员工L沟通时发现，员工L认为PL总是安排非挑战性的工作给他，导致其绩效考核欠佳，由此感觉发展无望。

PL则认为，员工L当前的能力还不足以承担挑战性的工作。

员工Z反馈，PL给自己安排的工作太多。他曾多次向PL提议，希望让别人分担一些工作，但每次PL都以“能者多劳”为由拒绝了。

调查组随后又与项目组其他成员进行沟通，成员们普遍表示，PL把项目组的“要事”都安排给骨干，根本没有机会承担具有挑战性的工作。这些员工对自己的绩效都感到担忧。

经过沟通，部门内部也做了反思。

PL安排工作仅考虑了业务与人员的匹配度，未能关注业务与人员的“共赢”，致使能力强的员工工作压力大，新员工则因缺少机会而裹足不前。

可见，该PL在工作安排上没有采用双向选择机制，即只强调自上而下的强制安排，缺少自下而上的任务选择机制，对员工工作意愿关注不足，导致员工工作主动性不高，工作效果打了折扣。

调整工作后，员工L留了下来。

为了留住像L这样的优秀员工，部门进行了一系列改进：

第一，为每个员工制定长期职业发展规划，将业务规划与员工进行充分沟通。

第二，安排工作时采用“认领”“竞聘”等自下而上的方式进行，确保机会面前人人平等。

第三，对于技能匹配确实存在能力不足的人员，为其安排骨干辅导，降低交付风险。

经过改进后，团队氛围得到了明显改善，员工对主管和团队的信任度也提高了。员工L竞聘FPM（财经规划经理）成功，更多的员工看到了自己的未来。像员工Z这样的骨干，工作也轻松多了。

该部门经过调整，整个团队的精神面貌焕然一新。越富有挑战性的目标，越能激发大家的主观能动性，尤其是当这些目标与绩效挂钩的时候。当然，在设置挑战性的目标时，还应有目标分解这一动作，以确保目标可执行。

华为在分解目标时，会考虑到时量、数量和质量这3个关键的量化指标。这3个指标既是布置工作的要求，也是衡量工作效果的指标，贯穿于工作的整个过程当中，缺一不可。

华为计划部通常会根据具体的工作过程，按照基本的流程设定相对独立的工作步骤或动作单元，然后设定时量、数量和质量指标。对于某些可直接量化的目标，从数量角度来衡量，如产品生产数量、检查次数等。对于无法直接量化的目标，可以从质量、时量的角度考虑，比如：人员对职能部门服务的满意程度，可以通过人员投诉率、服务及时性来表示；文件起草的好坏，可以运用通过率来表示。

以考勤统计为例，工作目标会这样表达：4小时内完成2万人的考勤统计，形成考勤表，上报行政主管。这样的一个工作目标完整地包含了3个量化指标：时量——“4小时内”；数量——“2万人的考勤统计”；质量——“形成考勤表，上报行政主管”。

这样一来，华为的员工在头脑中就能够清晰地形成3个“量”的概念，最终确保执行到位。如果取消任何一个“量”，结果都可能出现偏差。即使是不同的员工，在执行同一项工作时，也能够达成目标要求，保证按时、同量、同质地完成任务。

总之，设置目标时，首先要考虑业务规划与员工个人发展的匹配程度，达成让业务牵引个体绩效的目的，实现组织和个体的双赢。

先瞄准目标，再开枪

《孙子兵法》中说：“谋定而后动，知之而有得。”意思是，带兵作战必须做到“三思而后行”，才能“未战而庙算胜”。项目决策也是一样的，“先瞄准目标，再开枪”，才能提高打中靶心的成功率，减少过多的无用功。

早前，华为某研究所的员工曾经受到过这样一个打击。该研究所的员工习惯在接到任务后，初步形成一个框架时就立即动手。然而在工作过程中，常常出现到开发阶段，软件还没有购买；该测试了，设备还少几条电缆；各个模块编码设计完毕，却因参数变化无法连接；因为时间点未明确定义，工作计划无法跟踪；等等。最后不得不动用一切资源，不断地调整和修补才能过关。

这些问题都是由于华为人在没有理清思路的情况下便匆忙开工引起的，最终不得不将大量时间浪费在后续返工上。该研究所所长感慨道：“在做事前一定要先好好想想该怎么做！”

华为HLR是小产品，但项目组负责人王金认为，必须要将其做得比公司的主力产品更有竞争力，客户才会选择。他定下了“6个9”的目标：故障率不超过百万分之一。那么，如何才能实现这个目标呢？王金开始着手制定工作方案。

经过1个月的技术规划和2个多月的架构，该项目于2006年4月正式立项。到了6月份，王金拿着架构找SPDT（产品开发团队）经理审核，期望可以通过TR1（产品需求和概念评审），却没有通过。SPDT经理认为这个计划虽然做了出来，但是能不能商用成功，还未可知，让他拿着架构和方案去找客户，去倾听客户的声音，确定这个架构与客户的期望是否一致。于是，王金只身前往欧洲拜访客户T。经过一番探讨，他的架构方案与客户的期望基本吻合。王金回来后，认为他的方案这次一定能够通过审核。结果，产品线领导又请来了公司架构部、其他产品线的总架构师等20多人，组成了一个架构评估团队，花了一个多月时间对王金的架构进行评审，并提出了30多个核心问题。这样一来，王金不得不带着下属反复讨论、验证可行方案，一步步地往前推进。到9月份时，王金的架构方案又在CDCP（概念决策评审）、核心网IPMT（集成组合管理团队）两次会议上，共进行了5个小时的讨论，终于通过审核。

后来，王金说：“当时被折磨得不行，总觉得所有人都在拖我们的进度。我们觉得方案已经清楚了，可以继续推进了，但是领导要求我们必须去见客户，反复地与周边专家沟通。事后发现，这些措施都是非常有用的。”

王金和他的团队在2006年做的这个技术规划、架构设计具有很高的执行力度。在后面历年的产品规划和立项，以及整个架构和产品族的演进上，都与当时的规划方案高度吻合。的确，做任何事都要做到“先瞄准目标，再开枪”，这样才能将工作做对、做好。管理大师彼得·德鲁克的台湾亲传弟子詹文明先生曾说：“他们忙，忙对了地方吗？我们先要确定他们忙的是不是正确的事，他们是不是在用正确的方法做错误的事情，一个好的管理者，是不会忙成这样的！”

作为通信行业的后进入者，任正非多次在华为强调“先瞄准目标，再开枪”的重要性。

华为在倾心尽力、锲而不舍地追逐客户时，没有蛮干、苦干，而是有目的地、有准备地进行。华为人首先会依据自身实力确定基本目标和挑战性目标，然后才会按照挑战性目标制定项目方案，这样既保证了成功的概率，也避免了劳而无功、耗时耗力的现象。

狼群在攻击猎物之前，会花上好几天的时间，观察并监视被它们盯上的猎物，在这个过程中，它们绝不做任何没有目的的行动，因此，狼的一生很少失误。华为人就是这样的一群狼，瞄准了目标就不放过，这样才创造了中国企业在国际舞台的一个奇迹。

构建系统思维力

面对工作，我们通常认为只要有了明确的目标，然后朝着目标努力就行了。可是在执行过程中却有很多人抱怨，无论自己多么努力，时间都不够用，效率也跟不上去。这是因为，在工作中人们经常会陷入思维陷阱，凭借经验、直觉甚至盲从别人的方法做事。在华为人看来，这种无法独立思考的行为，容易导致人们在考虑问题上缺少系统性的思维。华为一位账务5级专家，描述了自己是如何构建系统思维力的。

胡栋梁于2005年加入华为，当他踏入职场那一刻，感觉自己就像一张白纸，每天接触到的内容都是新的。在他看来，自己之所以能够成为专家，是因为具备一个最关键的能力，那就是独立思考的能力。工作中对一个目标、一项事务都有自己的分析与认知，并能够从外部吸收信息，完善自身的分析与认知。他认为华为员工的专业技能、知识和工作经验等都很突出，但最终表现出来的工作水平却有高有低。那些能够高水平完成工作的员工对工作有独到的见解，而表现平平的员工总是陷于具体操作，对业务难以形成深刻的认识。

所以要成长为专家，或是要更好地达成目标，关键在于要有自己独立的思想。从整体上对目标、过程、结果进行系统分析，如此才能把各种要素有效调动起来，找到最佳方案和路径。

所以，我们在目标行动上也应做如此考量，必须做到先解决思路，再考虑技术。正确的思路是解决问题的前提。如果连思路都错了，无论过程怎么努力，其工作结果都是无效的。

现代管理学之父彼得·德鲁克对此有过深刻的总结："有才能的人往往最无效，因为他们没有认识到才能本身并不是成果，他们也不知道一个人的才能只有通过有条理、有系统的工作，才有可能产生效益。"其实，任何工作都是一样的，我们找准目标以后不要急于下手，而是要先理清做事情的思路，才能够减少很多的无用功。

华为人在项目开展前会首先解决思路问题。在确定目标后，华为人并不会急于下手，而是保持冷静的心态，考虑行动计划。华为人在开拓新的市场时，哪怕面临着"人生地不熟"的境地，也会依然保持好心态，绝不会急功近利而仓促地行动，这对华为的成功而言非常重要。

如果我们回过头去冷静地看华为人的那段经历，会发现那其实就是一个面对现实、调节自身的心理过程。而如何面对现实、适应变化，真是言易行难。因为这不单是一个心理状态的转变（面对现实），还是一个从观念落实到行动的过程（适应变化）。

也就是说，我们必须结合所拥有的资源现状（包括通过努力能争取到的资源）和面临的近期、远期目标，在经过一番仔细思考的基础上，考虑一个可实施的工作思路，让工作目标得以实现。

事实上，我们每天都在决策过程中。比如，当我们接受一项任务，我们必须要判定如何才能有效地完成它，为完成它挑选最佳的行动路线，这就是我们经常面临的决策问题。

那么，如何才能做出正确的决策？这就要靠思维力发挥作用了。只有我们不断地锻炼自己全局思考的能力，才能成功地界定问题、分析目标实现过程中容易出现的问题，并制定切实可行的行动方案。这种对于未来的预测和风险管理能力，为减少无用功起到了至关重要的作用。

完善工作计划

解决了工作思路问题，很多人对自己要做什么似乎已经心中有数了，然后便迫不及待地想要早一点实现目标。可是，在工作过程中，我们很容易产生其他的工作想法，于是放弃了当前的工作思路。

在工作中，有许多员工会产生疑问："最初我是怎么想的？我怎么感觉之前的工作思路是不正确的？我现在的想法是对的吗？"最糟糕的是，你本来已经想好了最有效的解决思路，结果由于在工作中"见招拆招"，多了很多不必要的工作，结果没有能够完成任务。

"最初的想法是对的，但好的想法并不一定能够得到执行"，这是现实工作中普遍存在的现象。长久以来，我们要么忽视了工作思路的探讨过程，只要接到任务就马不停蹄地干起来；要么会花一定的时间解决工作思路的问题，可是在没有清楚地定义自己将要做哪些工作的情况下，就迫不及待地干起活来。结果，正确的构想却没能成为现实。

石辉（化名）原是华为某办事处的员工，领导让他策划和操办一次商业演出活动，但是演出的效果并没有他想象中那么完美。石辉无奈地说："最开始的时候，我在脑子里构思了整个活动的流程，也想出了与众不同的好点子。因为我自认为脑子非常清醒，就没有把整个活动的工作内容详细地罗列、记录下来。结果，等到活动真正开始的前一天，我总是发现有些事情忘了做，不是没有安排好现场的话筒和音响，就是忘记印嘉宾的姓名牌。我总是认为只要构想新颖、策划思路完美就可以了，不必在意许多细节，但实际上很多细节问题都是必备的步骤。”

这就是解决了工作思路后没有定义工作任务的结果。如果我们在确定了清晰的工作思路后，认真地计划自己应该做好哪些工作，自然能够把思路执行到位，从而一步一步实现目标。

美国企业家理查·S. 史罗马在《无谬管理》一书中指出：“对一个方案，宁可延误其计划之时间，以确保日后执行之成功，切勿在毫无适宜的轮廓之前即草率开始执行，而终于导致错失方案之目标。”因此，无论是谁，做事前都应该好好地计划一番。

对于华为人的计划管理，就有人将其归纳为“三要”——目标要远大，计划要细腻，准备要充分。

贾岭，华为GTS方案架构5级专家，拥有多年无线项目交付经验，曾带领团队成功搬迁德国德电网络，荣获2013年度“GTS全球专业技术领军人物奖”。

德电网络搬迁项目，从准备到最终关闭历时两年，也是华为第一次进入西欧五大国的大牌网络，客户是德电集团的本国子网，市场地位优越。

贾岭与项目组成员丝毫不敢怠慢。他们在项目之初，花了近半年的时间与客户一起讨论交付策略、流程和技术方案，开了不下100次技术澄清会。贾岭记得有一个HLD文档按客户要求修改了至少10次，每一次的修改过程和原因都被准确地写进版本修改记录列表，确保可追溯性和可读性。项目组的严谨细致最终换来了可持续的搬迁流程和计划。在具体的交付过程中，12周前制订的项目计划被99%地精确执行。两年间，总数达1.2万个物理站的搬迁项目顺利完成，没有紧急呼唤炮火、没有突发问题，也没有一起客户投诉事件。

贾岭和项目组严谨细致的计划最终换来了无偏差地精确执行。这种对计划近乎严苛的专业精神，成就了华为在该项目上的成功。

因此，当我们准确地计划好我们要做哪些工作，并进行合理安排以后，执行起来才能有条不紊。需要注意的一点就是，我们在拟定计划的过程中，还要合理地评估我们的执行能力。也就是说，凡事都要量力而行，我们要确保未来的工作计划是可以实现的；否则，再科学的工作计划，如果执行不了，也只是“痴人说梦”。

一个叫作帕克霍姆的俄国农夫，很想拥有一大片属于自己的土地。机会终于来了：只要他从某一地点出发，从日出一直跑到日落，那么到日落之时，他用脚步圈起来的土地就是他的了。出发点选好以后，帕克霍姆迫不及待地出发了，他就像一支离弦的箭一直向前冲，中途没有休息，也没有吃喝。可是遗憾的是，就在即将日落时，他却由于体力不支倒地猝死。

我们很同情主人公的悲惨遭遇，但是我们更希望能够借用这个故事告诉大家一个道理，那就是我们在计划工作任务的时候，要合理地评估自己的执行能力，做到量力而行。如果个人资源和现有的能力不足以完成计划内的工作，你就要重新计划一番，采取其他的途径来达到同样的效果；如果你每天只能完成5项工作，就不能强迫自己一天要完成7项工作，否则结果只能是执行任务的质量下降，或者由于根本不能完成那么多任务，导致工作计划形同虚设。

因此，我们应该学会合理地评估执行任务的能力，做到量力而行。正如华为总裁任正非所说：“如果你发觉自己没有足够的时间去做真正重要的事，那么你必须学会减少你的责任，这样你才能有足够的精力和时间。”意思就是说，无论是员工还是管理者，都要学会权衡自己的工作能力，学会减少责任，确保有足够的时间和精力把事情做好。

就以华为来说，虽然华为的员工中具有大学本科以上学历者超过85%，而且都掌握着业内先进技术，并具有丰富的工作经验。但是，华为还是会从个人应知、应会、专业知识、可塑性、背景、个人反应能力、人际关系、实际工作经验等方面，对员工进行考核，并将之分为A、B、C、D等不同类型。针对这些不同类型的员工，华为的管理者会有针对性地为他们分配任务，确保工作任务与员工的能力相匹配。如此，华为的目标就能够真正成为“可实现”的目标。

让计划赶得上变化

工作中总会出现各种意外事件，这就要求我们要有强大的统筹能力和随机应变的能力。

2014年，刚果代表处的林海在《华为人》报上发表了一篇《非洲追梦进行时》的文章，讲述了他从2006年到2013年的工作和成长历程。

2006年12月24日，林海搭上公司年末最后一期大队训练营的班车，加入公司管理服务部。3个月后他就被派驻非洲处理交付第一个管理服务项目，当时的他并没有多少经验，而且公司的管理服务业务也处于起步阶段。一切工作都需要他在现场边学边干。林海满怀热情和期待，历经16个小时的飞行来到刚果代表处。刚到驻地，他便马上行动起来，向客户确认需求、找分包商了解交付情况、查询交付模板，等等。

经过3个月的交付，林海慢慢地梳理清楚了工作的头绪：招聘专家寻找高比例油机告警的解决方案；制定油耗上限承包制以杜绝盗油行为；协助分包商梳理人力资源以降低成本；等等。一系列的纠正方案推行下去后，终于收到了成效：油耗降低了20%，网络可用度提升了3%。代表处再也没有出现束手无策的情况。

林海趁热打铁，一边继续拜访客户，一边向华为全球类似项目取经，持续改进，慢慢地，项目进行得越来越顺利。一年之后，林海与客户顺利续签合同。项目组的案例总结还获得了公司GTS案例一等奖。

林海到任后，处变不惊，理清了各项事务的优先顺序，给出了解决方案，最终保障了项目的顺利完成。

华为在全球各地大大小小的项目不计其数，出现问题的频率也很高。在他们看来，当问题发生时，要优先满足客户的需求，在此基础上再展开各种行动，如人员、资源调配等。

华为的某设备通过了日本客户的两次验收，并签订了供货协议。为了加速交货进度，华为的供应链早在4个月前就开始储备关键器件，并优化生产加工流程，提升产能到80台/天，与以往相比提高了近一倍。如此，一切准备就绪。

然而就在首批130台产品发货的前3天，一个电源在高温环境中突然爆炸，为了避免整个批次的产品出现安全隐患，华为决定暂停发货。已经准备好的货发不出去，项目负责人马上启动7×24小时攻关，由西安电源开发部部长担任攻关小组组长。为了保证如期交货，SmallCell平台TDT经理调动了平台资深测试专家、技术专家加入攻关队伍。经过两天的奋战，逐级查证，最终找到了问题根源。

攻关小组迅速制定出一套方案，筛选出合格的产品优先发货。他们连夜从成都飞往东莞，对所有待发货产品进行高温筛选。筛选不难，但筛选一批12台设备需要8小时，当时又赶上清明节放假。于是，他们轮流倒班，用3天时间完成了130台设备的筛选工作，满足了客户首批发货要求。

在这个案例中，华为某设备突发故障，项目负责人立刻启动应急措施，调集各类资源，最终保证了准时交货。可见，华为人的应变能力十分强大。

任务计划可视化

“好记性不如烂笔头”，工作中要有谨慎的态度，特别是对那些整天都要面对繁杂工作的员工来说，为自己细心准备一份任务计划清单是很有必要的。据统计，如果我们愿意拿出一分钟的时间对自己未来一段时间的工作规划一番，至少能够为我们节省超过30分钟的时间。

在华为，公司会要求员工对下一阶段的工作进行细化并做记录。例如，员工会按照地点（电脑旁、办公室、电话旁、仓库）分别记录任务，这些任务只有在这些地方才可以执行。并且，员工只要到达这些地点，就可以一目了然地知道自己应该执行哪些任务。这种做法让华为人能够保持流畅的工作节奏，避免工作中还要考虑应该做好哪些工作等问题，让华为人始终保持着高效的工作状态。

因此，在开始任何有建树的工作任务之前，我们应该通过任务记录卡规划工作，这样能够尽可能发挥出自己的最佳水平。任务计划卡如表4-1所示。

表 4-1　任务计划卡

周一	周二	周三	周四	周五
做好会议准备 整理会议记录 整理一日内通信 汇报近期工作 接待客户来访 整理文件 ……				
说明：	说明：	说明：	说明：	说明：

记录任务只是明确工作任务的第一步，接着要对这些任务进行分析、合并和分类。我们可以按照重要和紧急程度将任务分为A、B、C、D不同等级。任务计划卡最好以书面的形式记录，并置于工位的显著位置或电脑桌面上。

华为的员工在拟定工作清单的时候，首先会把确定的工作任务统统罗列出来，记在各种事项的专用纸张或PAD（掌上电脑）上。而且，他们会尽可能详细地记录工作任务，以免遗漏。

举一个简单的例子，很多华为员工掌握了一个工作习惯，就是在每件手写物品上注明日期，如交给秘书或下属的即时便条、与客户通电话后的随手记录等。这样一来，就可以用很少的时间获取极有价值的信息。

为了便于工作任务的开展，我们还要将工作任务进行整理，也就是按照定的原则进行排序。

在华为，员工整理工作任务时都遵循三个基本原则：从最上面的一项开始处理，尽可能迅速地完成所有任务，不逃避其中任何一项任务；一次只处理一件事情，迫使自己集中注意力做出判断；决定开始处理任务时，立刻判定它的实质及处理方法，杜绝二次处理的时间浪费。

完成排序后，我们就可以制作一张简单的工作清单了。工作清单是根据工作需要来规划的未来一天、一周或者一月的工作计划安排，如团队的销售任务、召开例行会议、会见客户、工作总结、员工考核等。由于这些任务是已知的，我们只要列出来就可以了。

在选择工作清单的时间周期时，如果工作是以处理比较琐碎的事务性内容为主的，可以根据工作量大小制作一份周工作清单或者月工作清单。在工作时，我们只要看一下当天的工作清单上任务的排列顺序就可以有条不紊地执行了。

对于那些即时性任务要随时做好记录，如上级要求完成某项工作、处理客户投诉、解决员工纠纷等。此类任务变化性较大，适合按天记录。

借助工作任务清单，我们就可以按部就班地将工作做好、做彻底。在接下来的工作中，我们还要定期检查和更新工作清单，并对未来的工作计划进行规划或调整。

第5章 时间管理

未来的不可知性使我们的前进充满了风险，面对不确定性，要抓住主要矛盾及矛盾的主要方面，要有清晰的工作方向及实现这些目标的合理节奏。

任正非

效率是设计出来的

高效率是做出来的，但它首先应该是设计出来的。虽然效率会受到资源的限制，但只要我们科学地规划和设计它，做到资源使用最优，我们同样能够实现高效率。

去过香港，坐过香港地铁的朋友可能会觉得换乘特别方便，很多时候只要下了车，不用离开站台，转身就可以换乘，不用像在深圳、北京、上海那样走得很远才能改乘另一条线路。

为什么香港地铁的换乘会如此方便？香港的地铁为什么可以预测到，我在太子要换乘的就是去荃湾的线路，而不是去中环的？

实际上，香港地铁在很多线路交会的地方，两条线路会并行走2～3站，这个看似多此一举的安排使得乘客的换乘得到分流，预测的准确度也大大提高，而乘客无谓的滞留时间却大大缩短了！

反观北京地铁，两条甚至多条线路只有一个交会点，这使得人流非常集中和拥挤，尤其是在繁华的地段。此外，两条线的换乘时间较长。以西直门为例，2号线换乘1号线需要20分钟左右，试问效率何来？同是人口上千万的城市，同样的人口运输能力，香港地铁的乘车效率却高出北京很多。这给了我们一个启示：效率是设计出来的。

俗话说："磨刀不误砍柴工。"人们经常用这句话嘲笑那些跟砍柴的樵夫一样的人，做事之前不想清楚，不管自己的刀是锋利还是钝的，上山便开始砍起来，最后工作效率却非常低。

在华为，有一个产品经理曾讲过这样的故事：只要一有机会，有人就会将开发周期延长，也不管是否因为CMM（软件能力成熟度模型）活动（大多数是因为前期的计划缺乏准确的预测，或者最初的计划在某种压力下设定得不合理），似乎摆在面前的就只有两条路可走：要么选择CMM，要么选择延长时间。

推行CMM真的要延长那么多时间吗？按照规范的流程，前期要编写高质量的文档和代码，再加上单元测试、文档与代码的审核等，的确很费时间。可是，如果可以改变以往立刻编码的习惯，经过前期详细考虑的过程以后，就能够有效避免边干边想、推倒重来、经常反复等情况，工作量就远远没有之前那么大了。

事实上，对于这种没有做好计划就立刻编码的行为，国外企业早在20多年前就已经摒弃了，它们甚至给它取了一个臭名昭著的名字“WISCY（Why Isn’t Somebody Coding Yet?——为什么还不编码呢？）方式”。可是，这种早就被人抛弃了的工作方式依然在中国企业里盛行。

因此，我们在做任何事情的时候都不要急于下手，而是要做好周详的计划和准备，这样就能有效避免边干边想、推倒重来、经常反复等情况。就像砍柴之前不忘磨刀一样，不仅不会耽误你砍柴的时间，还会让你砍得更快、更多。

2009年，以“和谐海洋”为主题的青岛海军节如期而至。为了能确保盛典顺利召开，华为通信保障团队驻守在此地。

华为通信保障团队接到任务电话是17日，但19日各国海军就要抵达青岛，留给华为通信保障团队准备的时间仅仅有两天。面对这个挑战，华为通信保障团队并没有犹豫，立即投入工作。

华为项目小组首先组织各专业人员落实好所在部门的具体事项；同时，安排好巡视人员，确保青岛的巡检工作在海军节内顺利完成；最后就是解决通信保障的关键设备——备板。在正常备份需要四块而实际却只有两块的情形下，华为项目组成员思考了各种解决方案：若是从公司调配，怕时间来不及；再者，因为此板件关系到每个节点的分析，若从别的办事处调取，怕别的办事处有自己的需求。经过大家的分析和讨论，最后得出两条线路：一是，看目前的工程中有没有未在运行的板件可以抽调；二是，马上与其他客户联系，从别的地市运营商处调取多余的板件。

责任落在具体解决事项后，没有那么多时间可以开会讨论，每个人在接到任务后都是立即展开行动，且每个人心中都抱着即使时间再紧也要完成任务的决心。解决方案确认以后，项目部和工程部及全省的传输维护人员都在与客户进行联系，以确定可调配板件的来源。为了找到这两块板件，大家全力以赴，一下午在这两条线路中打出了180多个电话，最终在保障工作完成前一天晚上将板件送达现场。

这次海上阅兵的通信保障工作主要是由维护工程师和建设技术人员组成的，虽然他们都身处在青岛这片美丽的土地上，可是他们的眼中只有工作。23日完成最后保障工作的他们，在回到住处后便迫不及待地坐在电视机前欣赏阅兵仪式，用他们的话说，虽然不能在现场观看阅兵仪式的壮观，但是能够参与到通信保障维护的工作，也算是为阅兵仪式贡献出了自己的力量，顺利完成保障工作更是人生的另一种享受，值得他们为之自豪。

工作中，如果我们能够像案例中的华为人一样，在做事情之前仔细统筹和规划，将需要的资源准备充足，这样不仅不会耽误时间，还能够轻而易举地提高工作效率。

对此，中国籍的华为人在印度也有着很深刻的体会。

华为驻印度办事处的中国籍员工与本地员工开展了一次活动，在此期间，一个看起来非常腼腆的印度籍项目经理小心翼翼地向一位中国籍的华为员工说："我非常佩服你们中国人的执着和干劲儿，但是建议你们能不能在work hard（努力地工作）的同时，注意work smart（聪明地工作）。"他说，在执行计划前，应该首先do the right things（做正确的事），然后再do the things right（把事情做对），这样才能do the things better（把事情做得更好）。

确实，印度项目经理一般会在项目准备阶段将计划工作做得非常细致，包括需求确认、项目预测、项目开发、项目培训计划、项目质量监督计划、项目必要资源（人力、软件和设备）供应计划、风险控制计划、项目流程定义，等等。对此，中国籍员工总觉得他们行动太慢，耽误进度。可是，项目一旦展开，他们就会发现需要的资源就在手边。等到项目提前完成了，中国籍员工们才体会到准备充分的重要性。

在工作中，我们也很容易犯下类似的错误，只是一味地要求自己努力地工作，却不知道聪明地工作。尽管我们最终完成了任务，可是我们却付出了比别人更多的时间和精力，这是不值得的。

“凡事预则立，不预则废”，这是任正非对华为人的教诲。我们也应该从中学习和体会，提醒自己在接到任务以后不要急于下手，而是先仔细地想清楚应该怎么做。只有这样，才能取得事半功倍的效果。

集中利用你的时间

很多人认为，“只要我抓住每一分钟，甚至一秒钟的时间都不放过，把时间全部用在工作上，我的工作效率就会很高”。事实真的如此吗？这只不过是一个误区罢了。

实际上，工作要讲究方法。提高工作效率的关键不在于你工作的时长，而在于你是如何安排时间的，你的时间是零散的，还是集中起来被利用的。

如果你还有质疑，不妨来看一组实验数据。

如果你要写一篇报告，领导也答应给你独立和完整的时间，在这段时间里，你不会受到任何其他事情的干扰，你可能只需要5小时就能完成，而且写出的报告非常出色。但现在领导要换一种模式，同样是给你5小时的时间，但这5个小时不是独立的、完整的，而是5天中每天上午半小时、下午半小时，这样零零散散加起来一共5小时。结果是，一星期的时间你很可能都完不成这份报告。

当你联想到自己的工作情景以后，就会恍然大悟。大多数时候，如果我们在执行任务的过程中不被打扰，总是有一整块时间，我们的工作效率就会很高；而如果我们做同样的事情得到的时间总是零散的，工作效率自然很低，甚至到最后根本无法完成任务。

这告诉了我们一个时间管理的秘诀，即懂得构建自己的时间块，尽量用完整的时间去处理工作，只有这样做，我们的工作效率才是最高的。

华为公司的强大执行力众所周知，实际上这与其时间管理密不可分。在时间的利用上，华为员工善于将时间划分成不同的时间块，再将这些时间块与其他人的时间块对接，既保证了自己做事的时间和效率，也保证了与外界的无缝对接，从而不影响整个项目。

那么，华为人是如何实现高效的呢？

华为员工会将所分配到的任务进行优先排列，制定出任务进度方案；然后细分任务，并将它们划分到更小的时间单位内，如天、小时；最后，他们会将其以书面的形式反映出来，根据时间块的周期进行检查，以确保自己在某一个时间段内完成相应的工作。这样，工作效率自然而然就得到提升了。

所以，当我们忙得焦头烂额，领导还在抱怨我们的工作成果不尽如人意时，我们就应该自我检讨：我们在执行一项任务的时候，究竟是一气呵成，还是拖泥带水，总是这件事做一下，那件事做一下呢？

相信，你会找到自己的问题所在。

很多时候，我们的工作是不可能一个人独立完成的，需要两个甚至多个人共同努力。我们要通过与外部建立合理的接口，避免自己的时间块受到外部因素的干扰。

在这一点上，华为员工比较有经验。华为员工在建立自己的时间块的同时，会提前与相关任务方协调执行情况和沟通节点，然后通过负责人或者自己与其他人进行定点沟通，确保与外界的无缝对接。在这样的前提下，华为员工会预留出一部分时间，专门用来与外部沟通和协作，以避免在工作时被打扰，从而保证自己的时间块的完整性。

抓住偷走时间的“盗贼”

2014年春晚上一首名叫《时间都去哪儿了》的歌曲让大家感叹不已。在工作中，我们往往也感到自己的时间不够用，许多工作总是拖拖拉拉无法完成。

现代人只会抱怨自己“没时间”，却从不冷静地思考为什么会没有时间。事实上，现代人常常以错误的方式运用时间，所以不知不觉让时间白白浪费了，而自己却一点都没有意识到。

华为前副总裁徐家骏离职前曾给任正非写了一封信，其中提到了时间管理的重要性。

他总结说：“在华为工作10年，3650天，工作日3000天左右，这些时间是不是花在最重要的事情上了，有效的、有产出的工作时间究竟有多少，实在值得怀疑。时间管理不到位是我在华为工作当中最大的教训之一，可能也是公司整体性的问题，工作缺乏计划性，经常面临不断地被打断；或者是不断去打断同事和下属；或者是不断的会议、讨论，占去绝大部分的时间；或者是被自己的兴趣所牵引，花大量时间搞一些不着边际的事情；或者是花很多时间在一些细枝末节的事情上，把很难却很重要的事情一直拖到非解决不可的地步然后被迫仓促行事。现在回想，如果真的能管理好这10年时间，我觉得成就应该大很多。”

徐家骏总结了自己10年的工作经验，发现时间管理非常重要，如果自己在时间管理上做得再好一点，那么取得的成绩将比现在大得多。

在华为时间管理培训课上，培训师总结了现代人浪费时间的六种常见的现象。

（1）低效率。

做事的时间可缩短而实际上未被缩短，即“效率不彰”。例如：打电话或开会时，若是毫无目的、时常跑题，无形中就会拖延时间；反之，若能言简意赅，集中处理问题，则可省下不少时间。

（2）不在意。

例如，用于等待的时间（等人、等车、等电话），因为时间短（少于半小时），一般人都以空等来度过。其实，这类小额时间累积下来也颇为可观。

（3）坏情绪。

事情不顺利或失败时，我们生气、惋惜、愧疚、后悔，若不及时控制这些消极情绪，及早转换心情，就会在情绪上浪费许多时间，而拉长了做事的时间。

（4）不专心。

若做事一直不能静心，易被琐事分散注意力，时间就会很快流逝，结果一事无成。例如，有些人喜欢在工作时闲聊，这就是分心的表现。

（5）包揽工作。

有些管理者或员工常常会干涉及指导他人（别人并未向他求助），或者将他人的工作任务揽到自己身上，结果不仅增加了自己的负担，还剥夺了他人尝试及修正的机会。

（6）被打扰。

当他人请求帮忙时，许多人既不甘为人跑腿，又担心说“不”会“得罪”人，只好任人掠夺自己的时间。

或许在很多人看来，以上都是一些不起眼的时间。可事实呢？仅仅其中一项，如果不能正确处理，就会占用我们一天工作中的大半时间；若几种情况同时出现，相信我们能够真正用于工作的时间就更少了。

有句话说得好：“自知是自善的第一步。”如果我们将这个道理应用到个人的时间管理中，大概意思就是我们要从自身出发，利用有效的、用于诊断时间利用情况的工具，找到解决问题的根本。

在华为，员工们就发现了一个很好的用于诊断时间利用情况的基础工具——时间记录表，即使用列表工具来详细记录自己每天的一举一动，自己从早上起床到晚上睡觉，无论大事小事都要一一记录下来。如果有可能的话，最好具体到分钟。这样就能够作为个人时间使用情况的分析依据。

很多华为员工都会熟练地运用缩写、箭头、线条、对号、叉号等各种各样的符号……以最简便的方式来记录自己的时间使用情况。

此外，华为人还有一份“时间开销清单”。

时间开销清单的内容应该包括预计使用时间、实际使用时间、两项时间差和占用时间总额等内容。只要持之以恒地记录，即可获得一份完整的时间开销清单，接下来就可以对时间开销清单进行分析和诊断了。

那么，如何找到时间管理不善的问题呢？我们来看看华为人是怎么做的。

华为员工在列好时间开销清单后，即可应用这份清单中的信息来诊断自己的时间管理能力。在华为时间管理培训课程中，培训师要求参训的员工根据“时间管理能力诊断表”来诊断自己的时间管理能力。“时间管理能力诊断表”中会有一些问题，例如：你是否觉得你可以在工作中更努力？你是否常常把事情留到最后一分钟才做？对你来说，开始着手一项工作任务是否很难？等等。员工会反省自己的时间使用情况，在不断地反问自己的过程中，一定能够从中发现时间管理上的不足。

几乎所有通过各种手段来记录时间使用情况的人，都会或多或少地发现自己在时间管理上存在的问题。因此，对于时间管理者来说，客观地衡量自己的时间运用方式，追踪当下的时间使用情况对他们大有裨益。

当我们发现了自己在时间管理上的不足以后，就应该及时地找到规避时间管理不善的办法，解决"没时间"的难题。一般来说，时间管理不善主要源于工作没计划、组织工作不当、时间控制不足、整理整顿不足和进取意识不强这五个方面。因此，规避时间管理不善的办法也要从这五个方面着手。

以华为员工来说，他们极其强调工作计划的实效性，认为计划越周密、完整，任务执行起来就越顺利。因此，华为员工格外重视工作计划的制订，他们会制订年、月、周、日的工作计划，有效地保持对执行计划的控制，并罗列一份主要待办事项清单。

针对工作内容重复、事必躬亲、沟通不良、工作时断时续等组织工作不当的问题，华为人会采用以下这些方式进行处理。

第一，在接受请托方面，他们会经历一番"成本—效益分析"，然后合理地进行取舍。

第二，他们善于利用一切可用资源，为自己节省大量的时间。

第三，他们会将主要的精力和时间放在更重要的事情上，从不在无关紧要的小事上浪费精力。

在时间控制方面，华为员工会从培养自己的紧迫意识、保持工作的节奏、克服决策犹豫等方面着手。而在整理整顿不足的问题上，华为员工将"5S"[1]作为最为主要的管理助手。无论是办公室还是车间，各种用品均要摆放整齐，准确标志，做到一目了然。

不过，我们应该认识到，时间管理的对象不是"时间"，而是面对时间所

1. "5S"最早是从丰田公司的管理实践中总结而来的，是指整理、整顿、清扫、清洁和素养。这5个日语单词用罗马字拼写（Seiri、Seiton、Seison、Seiketsu、Sitsuke）时，第一个字母都是S，故称作"5S"。

进行的“自管理者的管理”。所谓“自管理者的管理”，就是我们必须引进新的工作方式和生活习惯，包括制定目标、周密计划、合理分配时间、权衡轻重和权力下放，加上自我约束、持之以恒，这样才能提高效率。只有当我们完成有效的“自管理者的管理”时，才能减少对目标毫无贡献的时间消耗，在真正意义上把握时间。

确认自己的工作韵律

华为员工小宁的笔记本的页头，赫然用红笔写道，“打扰是第一时间大盗”。或许你跟我一样，第一次看到这个标题的时候觉得奇怪，甚至感到匪夷所思。但是，当你看完下面的一组统计数据，你就会改变原来的想法。

日本的一组统计数据指出：“人们一般每8分钟会受到1次打扰，每小时大约7次，或者说每天50～60次。平均每次打扰大约5分钟，每天大约4小时，也就是约50%。其中，80%（约3小时）的打扰是没有意义或价值极小的。每次被打扰后重拾思路平均需要3分钟，每天大约2.5小时。”根据以上的统计数据可以发现，每天因打扰而产生的时间损失约为5.5小时，按 8小时工作制计算，这约占工作时间的68.7%。

可见，打扰的确是时间的第一大盗。那么，我们如何避免被打扰呢？为了解决这个问题，华为提出了自己的时间管理法则——韵律原则。要想不被打扰，首先要做到的就是确认自己的工作韵律，对其有足够的把握。

如果用一个词来形容华为的工作节奏，那就是“快速”。在华为，整个企业都呈现出快节奏状态，这主要源自华为员工对工作韵律的把握。如果一个人在工作过程中常常被打断，其工作自然缺少韵律感，势必会影响工作进度。

华为作为一支“群狼”团队，团结协作是一项重要议题。要想在工作中完全不被打扰，那是不可能的；不过，我们可以掌握一些方法让自己保持比较和谐的工作韵律，以减少外界干扰给工作带来的影响。

下面我们来看看华为某研发小组组长李华生是如何确认自己的工作韵律的。

李华生（化名）在时间安排表上加入了一些内容，即标注自己未完成工作的原因是否由于被打扰，通过日常工作计划落实情况的考核，检查自己在工作中被打扰的时间长度和原因，并对其进行说明。

李华生找出最常被打扰的时间段，并回忆了当时被打扰的具体情况。9点到10点之间被打扰，被打扰原因是任务咨询；14点到15点30分之间被打扰，被打扰的原因是请求帮助。由于被打扰，李华生虽然全天都在紧锣密鼓地工作，但完成任务的总时间仍然延长了1小时20分钟。然后，李华生以全天的工作计划与实际完成时间为参照，比较全天被打扰的次数和每次被打扰的时间长度。如果被打扰的次数超过6次或单次被打扰的时间超过20分钟，使工作进度延迟10%以上，即可判定工作韵律被打乱。根据以上统计，李华生判定自己的工作缺少韵律感。

最后，李华生分析了工作韵律被破坏的原因，不喜欢得罪他人、喜欢参与每一件事、习惯于接受他人的咨询、别人经常来咨询意见使自己产生一种满足感、不善于结束他人的来访、喜欢与他人交谈……

李华生经过客观分析，发现自己习惯于接受他人的咨询，并且在此过程中感受到自己的重要性；而这个“习惯”却耗去大量时间，导致自己的部分工作计划被延迟甚至取消。

可见，确认自己的工作韵律对进一步对其进行改善具有十分重要的作用。

保持自己的工作节奏

一个人在工作过程中常常被打断，其工作自然缺少韵律感，这势必会影响时间的使用效率。那该怎么办呢？答案就是，形成自己特有的工作节奏，让自己少受外部因素的干扰。

虽然我们确认了自己的工作韵律，但是打扰（电话、来访、邮件等）仍旧无法避免。很多人意识到这点，也想出了很多应对打扰的方法，如积极应对、消极应付、视而不见。结果，积极应对的人最终会变得疲劳不堪，消极应付和视而不见的人最终会错失良机或是贻误大事……

华为人善于保持自己的工作节奏，这是通过实践锻炼出来的。

蒋申是华为的一名普通员工，他曾这样抱怨自己的工作："有段时间，我内心很压抑，感觉自己每天忙得连喝口水的工夫都没有。"后来经过认真反思，他发现自己每件事情都只开了个头，并没有完全做完，虽然忙，但效率比较低。那段时间，由于只有他一个人在跟进某个产品，而部门的主管也搞不清项目难度在哪里，总是抱怨蒋申的项目进度慢。虽然很努力，但结果却不理想，蒋申心里感到委屈。

带着苦恼和不解，蒋申找到主管进行交流。主管告诉他，要从计划、时间管理和及时求助等方面入手，形成自己的工作节奏。一些人之所以制订出了一份好的计划，可在具体执行的时候难以落实，是因为在处理事情过程中，往往会有其他事情找上门来，这让很多人丧失了自己原本的工作节奏。而不善于掌控自己工作节奏的人，在遇到这些困难时便会手忙脚乱，工作自然变得一团糟。蒋申意识到自己的问题所在，便开始积极行动起来。

他认真观察那些工作做得好的同事，发现他们做事情十分专注，始终踩着自己的节奏。当遇到问题时，他们会及时与上级及其他同事交流。就这样，蒋申也慢慢找到了适合自己的工作节奏：

第一，每天早上来到公司，第一件事情就是把当天的工作计划发给团队，并整理一天的工作思路，找准当日的工作"主旋律"。

第二，每天下班后，给领导和其他同事发一份工作总结，告知自己的工作进展，反馈遇到的困难，让大家知道自己的"痛点"在哪里。

第三，在工作的过程中，保证大块的工作时间都在专注于自己的工作。确有其他"优先级"的任务委派下来，注意做好工作现场的保留。

蒋申通过调整工作方式，找到了自己的工作节奏，避免了工作总是被打扰的问题，这让他的工作效率有了质的提升。

华为在时间管理培训中指出：工作持续开展才能形成和谐的工作韵律，和谐的工作韵律使每天的工作任务可以完全遵照计划来执行，并在预期时间内完成。为了创建和谐的工作韵律，培训师提出了三种有效的方法。

第一种方法是，将同一类工作任务安排在某个固定时间集中完成。如果A、B两项工作任务属于同一类，可以选在同一个时间段内开展。

华为员工会统计前一天的任务完成数据，对于A任务和B任务的数据可以同时加以统计，而这项统计工作可安排在每天工作结束前半小时内进行。

培训师建议，员工开始一项任务后，就要持续进行，不要中途停下来又去开展另一项任务。

在华为，员工一旦接受了管理者下达的工作任务，就会一气呵成地完成，而不会断断续续地开展工作。很多员工下班之后仍然继续工作正是源自这种持续完成阶段性工作的时间管理理念。

第二种方法是，要在工作任务执行前明确任务的内容和预期达成的效果。因为在任务执行过程中走“直线”，可以减少不必要的工作步骤，直接选取为达成任务目标而操作的环节。同时，明确自己的工作任务可以保证工作方向的正确性，这也是提高时间利用率的最佳技巧之一。

第三种方法是，要划出与他人共同操作的环节。对于可能被人打扰的工作环节，要提前划出专门的时间，以确保其他工作任务在执行过程中不会被迫中断或延误。如果某些工作环节必须要得到他人的协助才能完成，要事前与对方确认合适的时间段，以免打乱他人的工作节奏。

要想提高工作时间的利用率，不仅要形成自己的工作节奏，还要持续保持这种工作节奏，使之发展为一种长期状态。那么，如何保持工作节奏呢？在华为，除了对工作任务的合理安排，员工还会采用以下几步来保持工作节奏。

首先，公示自己的忙碌时间，建立工作氛围。

许多职场中人，经常忍受着非必要的沟通和协作，使自己在大部分工作时间里处于由他人支配的境地中。为了避免这种情况的出现，我们必须学会对这些现象说“不”。如果一个人不能合理地规划自己的时间块，拒绝那些会影响自己工作效率的干扰，那么就不可能成为优秀的职业人。

我们应该告诉自己，同时也告诉他人：在这段时间里我必须专心于计划工作以内的事务，不接受任何打扰。这样一来，就建立起了良好的工作氛围。

其次，安排一段可以被打扰的时间。

华为人在日常工作中并不只着眼于完成自己的工作任务，而忽视团队合作。对于团队成员遇到的难题，也会适时地予以帮助。但是，华为人不会因此而打乱自己的工作秩序，因为他们通常会给自己安排一段可以被打扰的时间。管理者会召集全体下属开会，告之自己可以被打扰的时间段；普通员工会与其他同事协商，确定一个可以彼此打扰的时间段。

最后，快速排除外来干扰。干扰的时间越长，对工作的影响越大。所以，一旦出现意料之外的干扰，要尽快排除。总之，我们要尽量让自己保持工作节奏，不要轻易地被外界干扰。只有这样，我们才能在有效的时间里创造更多的价值。

把时间留给最重要的事情

正如前文所说，我们在工作时，要学会分清轻重缓急，优先处理最重要的事。身处职场，每个人的时间和精力都是有限的。我们总是希望自己或下属及时完成所有的工作，然而我们却好像永远在做最紧急，而非最重要的工作，这样的人是不可能掌握工作的主动性的。我们必须确保把时间留给最重要的事情，这也是高效时间管理的奥妙之一。

2005年，张俊从产品经理转为客户经理，独立负责华为在F市的子公司。来到这个陌生的环境，张俊要熟悉新公司的市场、建设、采购、运维、财务等各部门、各科室的客户，并保持与其良好的沟通。公司每年有100多个项目，从项目启动到合同签订，再到交付回款，都需要张俊的参与。他每天从早忙到晚，甚至从宿舍走到办公室的几分钟里，都要打好几个电话。无休止的忙碌，让他逐渐意识到时间管理的重要性。他开始优先处理最重要的事情，并懂得将负责、参与、关注等不同的投入程度分别应用在不同的项目中。这终于让他的工作能够得心应手了。

张俊在忙碌的工作中学会了时间管理，即明白了什么时候做重要的事情，什么时候处理琐碎的事项。这种做法在华为非常普遍，使得华为人能够忙而不乱，保持着高效率。美国汽车业巨子李·艾柯卡也指出："正是懂得计划和安排时间的人，才能够为自己节省更多的时间，把时间关注在那些真正重要的事情上。"

那么，将时间用于少数重要的事情上究竟有什么意义？意大利经济学家帕累托的经典理论就是对于这个问题的最好答案。

帕累托经过研究发现：80%的财富掌握在20%的人手中，而余下的80%的人只占有20%的财富。慢慢地，这种"关键的少数和次要的多数"的理论被广泛应用于生活的各个方面（包括时间管理），并被称为帕累托定律（80/20法则），如图5-1所示。

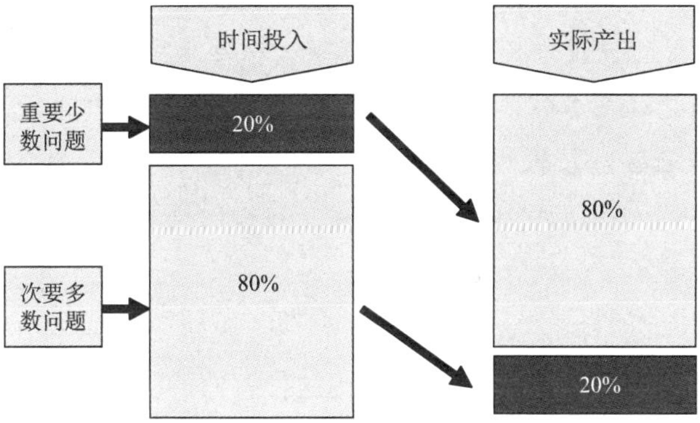

图 5-1　帕累托定律——80/20 法则

在华为的时间管理培训课上，培训师讲述了一则关于穆尔的故事。

1939年，刚刚大学毕业的穆尔在哥利登油漆公司找到了一份业务员的工作。当时他的月薪是160美元，而满怀雄心壮志的他却拟定了一个月薪1000美元的目标。穆尔将工作做得得心应手后，他拿出客户资料及销售图表，以确认自己大部分的业绩来自哪些客户。他发现，自己80%的业绩都来自20%的客户，而且无论客户的购买量大小，他花在每个客户身上的时间都是一样的。于是，穆尔就将其中购买量最小的36个客户名单退回了公司，然后全力服务其余20%的客户。

结果，他在参加工作后的第一年就实现了月薪1000美元的目标，而后又成为美国西海岸数一数二的油漆制造商。

培训师通过这个故事向参训员工们说明了正确目标的重要性，同时将80/20法则引入时间管理中：总结果的80%是由总消耗时间中的20%所形成的。按事情的重要程度来编排行事优先次序的准则，必须建立在“重要的少数与次要的多数”原理的基础上。例如，80%的销售额来自20%的客户，80%的总产量来自20%的产品……

那么，华为的员工是如何将这个法则应用于实践的呢？

2006年，华为在刚果（金）的客户由于客观原因要改变工程计划，将核心网设备建设原本30天的工期压缩为4天。对于当时华为在刚果（金）的项目组来说，这简直是不可能完成的任务。可是，一旦放弃这个项目，华为就会在非洲市场上遭受严重的损失。

经过对形势的谨慎分析，华为当地项目组迅速协调了10多名工程师到现场施工、检测。这些工程师为了完成这个项目，果断放下其他所有任务，每天吃住在工程现场，基本上没有时间休息。经过几天的奋战，他们在离截止时间还有整整6个小时的时候就顺利完成了核心网设备的建设任务，整个团队终于松了一口气。

案例中，华为项目组运用80/20法则这种有效的时间管理方法，将所有能够调动的资源安排给当下最重要的事情，为重要工作的完成打下了基础。

华为项目组在刚果（金）的成功经历告诉我们一个简单的管理原则：要把握工作的重心，将时间用于少数重要的事情上，让工作变得有价值。

正如被誉为“思想巨匠”和“人类潜能导师”的史蒂芬·柯维曾指出的：“成功的关键并不是为日程表上的事安排先后次序，而是用具有优先权的事情来安排日程表。”它告诫我们，当面对被排满的工作计划时，我们不能一味地按照日程表上的先后顺序处理问题，把时间浪费在没有价值的事情上，而是要把时间留给少数最重要的事情。

用好下班前的10分钟

还有10分钟就要下班了，有些员工早已是“身在曹营心在汉”，提前进入“下班状态”了。有的三五成群聚在一起，谈笑风生；有的盯着时钟发呆，心思早飞出了十万八千里；更有甚者，手机响个不停，正在呼朋唤友，准备晚上的聚会……

然而，对于高效的时间管理者来说，虽然一天的工作快结束了，但他们仍旧不敢松懈。他们通常会用好下班前的10分钟，将一天的工作做个妥善的总结。

宋晓文（化名）是一名普通的行政人员，作息时间比较固定，早上8点上班，下午5点下班。可每天距离下班还有一点儿时间的时候，他就已经坐立不安了，拿起电话四处联系下班后的“节目”，完全忘记还在工作时间里。下班时间一到，他总是第一个离开办公室，而且办公桌上通常都是一片狼藉，第二天早上还要拿出时间整理前一天的事务，这在无形中缩短了自己的办公时间，也大大地降低了工作效率。

华为的员工却有所不同，他们不认为下班前的10分钟过于短暂，而是觉得自己可以利用它创造出更大的价值。

秦雨（化名）在华为担任经理秘书一职。对于一个秘书来说，细心很重要，而秦雨恰恰就是一个细心的女孩。她对待工作严谨、负责，各项工作都被她打理得井井有条。当谈及如何利用好下班前的10分钟时，秦雨是这样说的：“对于每个员工来说，下班前的那段时间可能是一天中最难熬的，大家都是归心似箭，当然我也不例外。但后来仔细想想，这样做十分不妥，我本身是做秘书工作的，一天下来，要整理的东西很多，与其留到第二天再做，何不利用下班前的10分钟把它做好呢？10分钟的时间看似很短，但却可以做很多事情，如记录一下当天会见客人的联系方式、查看工作进度、整理办公桌……”

“成功总是留给有准备的人”，在每日工作完毕后，为了明天的工作依旧能够高效有序地进行，我们应该留出10分钟的时间为明天做好准备。

每天下班前对于当天的工作进行总结和反思是十分重要的，这样不但能够保证当天的工作当天完成，而且不会给第二天的工作计划带来麻烦。

我们不妨看看华为员工是怎么做的。

华为员工在每天下班前，至少会问自己三个问题：今天的工作都完成了吗？工作完成的情况如何？我怎样才能做得更好？如果发现有工作没有完成，那么华为员工会对这些工作做好标记，安排在明日完成。

对于当日没有做完的工作，我们应将它们整理出来，归入明日的工作计划表中，避免一拖再拖，继而遗忘的情况。完成当日工作的总结后，还应认真填写第二天的工作计划清单。针对工作计划的安排，我们在前文中已经详细介绍过，这里不再赘述。不过要注意的是，对于当天因为特殊原因未能完成的任务，我们要做好统筹安排，避免与第二天的工作发生冲突。

在这一方面，华为员工掌握了一个技巧，就是为自己制作一张工作计划表，对当天没有完成的工作任务、第二天需要完成的工作任务，以及具体的时间安排等进行记录和说明，避免第二天遗忘或疏漏。

在安排好工作计划后，自己要仔细检查一遍，确认是否有遗漏的事项。简单纠正后，放在案头即可。

针对下班前的10分钟甚至更多的时间浪费现象，华为的时间管理培训师提出了一些具体的建议。比如：整理备忘录——备忘录上记载了一天的工作情况，内容多半繁杂无章，所以在一天工作结束前应将它整理一下；整理办公桌——下班前将办公桌整理得干干净净，才算真正结束一天的工作；整理自己的情绪——给自己几分钟的时间整理情绪，并确定下一个工作目标；整理自己的仪表——即便下班了也要给自己一个干净整洁的外表。

总之，我们要养成良好的工作习惯，用好、用对下班前的10分钟。不要因为一天忙碌的工作给自己留下包袱，更不能影响到第二天的计划。如此，我们的工作状态和生活状态将会有很大的改观。

第6章 员工指导

组织要把精力集中在发展干部、员工的优点上，不要聚焦在后进员工身上。克服缺点所要付出的努力，往往远远大于强化优点所要付出的努力。

任正非

贯彻制度
执行力

任正非说过："企业经营要想成功，战略和执行力缺一不可。执行力是什么？它是各级组织将战略付诸实施的能力，反映战略方案和目标的贯彻程度。许多企业虽然有好的战略，但因为缺少执行力，而最终失败。"

不难看出，任正非认为企业失败的原因并不是战略的问题，而是执行力的问题。而要确保强大的执行力，重点就在设计好制度体系，培训员工认知企业的执行要求，以此培养团队的执行能力。

在华为，新员工培训期间就有一条铁的纪律：皮鞋、西裤、衬衫、领带，一样都不能少。而且在培训结束后，华为也坚决执行这一规定，借此帮助华为员工完成从学生到职业人的转变。

在研发团队方面，任正非也始终强调：无论是新员工还是老员工，都应该把自己当作一名职业人。基于此，华为员工要始终确保自己的研发价值观与企业、市场的价值观一致，一旦发现员工利用公司的环境研发一些没有"价值"的产品，管理者就会找其谈话；如果没有改正，则坚决予以辞退。这样就确保了研发队伍时刻以企业取向为基准的强大执行力。

在具体的执行过程中，华为的基层管理者会从目标管理、时间管理、沟通管理、问题处理等方面，提高员工的执行力，从而确保公司战略目标的实现。

在任正非的带领下，华为团队逐渐摸索出一套既能够适应国际化需求，又具有中国特色的团队执行力制度。

牙买加的TK项目是华为的一个战略性项目，能否按时交付是对华为交付综合实力的一个考验。牙买加属于山区岛国地形，项目的网规设计十分困难，而且客户KPI要求非常苛刻；当地实行的是土地私有制，要想获得站点审批十分困难，政府审批流程长达3~6个月，而且其中85%的站点需要修小路、挡土墙，实施项目时还有3个月的飓风期；华为公司在本地注册时间较短，前来支援的员工又无法获得签证；此外，他们还面临一些当地势力的阻挠，种种情况使交付变得困难重重。

负责人李行带领从16个站点获取到的员工队伍，跑遍牙买加上万平方千米的土地。李行为了加速站点获取进度，实行责任承包制度，规定每人每周必须获取4个站点，并明确了完成期限。从到站点现场测量位置、设计排水设施、获取土地局的审批文档、定位坐标、图纸绘制，李行将所有工作全权交由35名员工完成，并明确了每个员工每天的任务，还规定了完成期限。每个员工也给自己下了“死命令”，完不成任务绝不休息。在20天中，没有一个员工在晚上12点之前回家，为了确保按时完成工作任务，大家都在通宵工作。

经过10个月的连续奋战，牙买加项目组终于在客户要求的期限内完成了400个站点的获取、513个站点的建设、416个站点的设备安装和200个站点的商用。项目组获得了客户的高度评价，并获得了华为全球技术服务部总裁的嘉奖。

此次牙买加TK项目的成功，离不开华为人的艰苦奋斗，也得益于项目负责人在项目实施过程中对员工执行力的严格监控。

华为在高速成长中不但没有出现执行力差、团队迷失工作方向等现象，还将“狼性精神”、艰苦奋斗的企业文化发扬光大，这主要归功于华为严格的制度，以及华为人全力贯彻制度的强大执行力。

用“导师制”帮员工转身

在华为的内部刊物《华为人》报上，曾经刊登过这样一个故事：

一个汽车的QCC（零件）圈，由于总是发现零件有毛刺的问题，一位工人就自己买了把锉刀，把问题零件的毛刺锉掉，这样，零件就能够100%合格了。可是，等到他退休以后，同样的一批零件却有大部分不合格。原来是他并没有把自己的经验告诉别人。

这个故事在华为引起了很大的反响，也引起了华为管理者的重视。无论是华为员工还是华为管理者都意识到，为那些工作经验不足、工作技能掌握不到位的新员工找一位“导师”是非常有必要的。

这里的“导师”其实就是师傅。在师傅的帮助下，新员工往往能够更快、更好地融入公司环境，并提高在团队中的工作能力。

下面是一位华为员工的自述：

在我进入华为的第一个星期，公司就为我选定了一位导师，他是一位相当不错的工作伙伴。一次在食堂吃午餐，我们坐下来讨论公司的工作，以及如何才能让我更快地适应工作岗位。那是一次令人愉快的谈话，并且让我获得了大量的信息。但那次以后，我只见过他一次，而且时间很短，根本没有机会向他讨教工作经验。结果，我在连续几个月的时间里都不知所措，工作也做得很差。直到这位导师忙完了自己的工作，再找我聊工作上的事情之后，我的心里才踏实起来，工作也顺利了很多。

华为的导师制是全员性、全方位的，它可以使员工更快地成长起来。

任正非也十分认同导师制，他还指出，所有的员工都需要导师的指导，通过导师制实现“一帮一，一对一”，从而让员工更快地成长起来。为了确保“全员导师制”落实到位，华为还特意采取了几种手段。

在新员工到岗之前，公司就会提前做好导师安排，以确保其入岗第一天就能够接受到导师全方位的指导。华为在新员工培训中，一营培训设立思想导师，二营实习设立技能导师，确保全程有导师指导。在此期间，只要没有特殊情况，华为不会轻易变动“师徒”关系。即使是“久经沙场”的老员工也要遵守导师制，而且这是华为员工晋升考核的条件之一，华为以此来打破“权力”壁垒，保证导师制在全企业推广。

华为的导师职责不仅仅在于业务、技术上的“传、帮、带”，还有思想和生活上的指引，帮助员工解决思想和情感问题，使其与工作保持平衡。

通过多种有效的措施，华为新员工有更多的机会掌握更多的专业知识和技能，从而迅速成长为会“打枪”的人。

刘卫平是华为的“老交付”。入职前几年，刘卫平的绩效成绩并不好，一连拿了几个C。

刘卫平不解地问主管：“我对工作充满热情，为什么还是拿不到A呢？”主管说：“有些任务你还不能独立完成。”

他在海外过第一个生日时，业务导师为他找了个餐馆庆祝，刘卫平借此机会大吐苦水。导师听完后对他说：“你在工作中要主动，千万不能有‘等、靠、要’的思想，要积极去想、去做，总有实现目标的办法。”导师的话让刘卫平信心倍增。于是，他开始有意识地去培养自己的独立性，并给自己定下了三条“铁律”：每天工作再忙，都要坚持总结当天的工作；做好第二天的工作计划；把沟通过程中发现的问题详细记录下来，向导师请教。一段时间后，刘卫平对业务越来越熟悉，能力也得到了极大的提升。

2010年后，刘卫平的绩效成绩开始为A，最多的时候一连拿了5个A。刘卫平回忆说：“我不属于最聪明的那一类人，成长到今天，离不开导师的帮助和自身的坚持。”

刘卫平在导师的帮助下完美转身，可以看出，华为的“全员导师制”是成功的。

倘若你希望自己公司的导师制也能够像华为一样有成效，必须要从制度上落实和保障“全员导师制”。

在实践中不断成长

一个人成长的方式有两种：一种是通过不断学习书本上的理论知识来提高自己；另一种则是在实践中使自己的能力得以提升，所谓“实践出真知”，就是这个道理。

大多数华为人都经历过“十年寒窗”，掌握了大量的理论知识，他们都是一流的人才：但在任正非眼里，真正的人才必须经过实践的检验，在实践中发现自己的不足，并不断地改善，才能够有所提高。

任正非说：“实践是您水平提高的基础，它充分地检验了您的不足，只有将不足暴露出来，您才会有进步。实践再实践，尤其对青年学生来说十分重要。唯有实践后善于用理论去归纳总结，才会有飞跃性的提高。‘没有记录的公司，迟早是要垮掉的。’这是多么尖锐的一句话。一个不善于总结的公司会有什么前途，个人不也是如此吗？”

为了响应任正非“在实践中不断获得提升”的号召，华为公司要求刚入职的新员工到基层接受实践的培训和学习。《华为基本法》第七十二条中也明确规定：“我们对中高级主管实行职务轮换政策。没有周边工作经验的人，不能担任部门主管。没有基层工作经验的人，不能担任科级以上干部。”显然，华为公司对于实践经验的重视程度非常之高。

2013年是李雅平来到华为的第八个年头，她在子公司、地区部、机关等部门都工作过。她有过骄傲，也有过委屈，但她从来没有抱怨过，总是将工作放在首位。2005年入职时，她被分到了慧通公司的财务部。当时她感到有些失落，与她一起进入公司的，只有她一个人去了子公司。但后来，李雅平抱着“既来之，则安之”的心态投入了工作。在部门经理的带领下，她开始接手做预算工作。作为一名新人，最初的她，连Excel、PPT都用不好。于是，李雅平利用每天晚上的时间练习基本功。此外，为了做好预算工作，她一方面跟部门的老员工学习核算方法，另一方面跟各业务部门频繁沟通以学习业务。在她的努力下，慧通公司的预算工作被慢慢地建立了起来。对于那一段时间的工作，她最大的感悟是：多学、多问、多做。靠着这“三多”精神，她在连续3个季度考评为C后，终于拿到了A。在慧通财务部工作两年后，她被派往了拉丁美洲。

海外第一站是委内瑞拉，第二站是墨西哥。当时，李雅平被任命为经营管理小组副组长。2008年，她所在的经营小组完成了公司下达的经营目标。此时，她想拓宽自己的业务，主动申请到中美洲担任国家财务的工作。2009年年初，她负责危地马拉等三个国家的财务工作。在工作中，她发现公司与这三个国家的服务合同及部分行政采购合同是以香港华为名义签订的，存在潜在的风险，同时也增加了子公司的所得税成本。她及时推动变更，避免了公司的损失。因为这项工作，李雅平得到了地区部的表彰。2009年7月，她被调回墨西哥代表处。

2010年8月，李雅平被调回机关预算管理部，这是大家公认的“苦衙门”。预算管理部负责统筹整个集团的账务预算，负责集团财务报表的平衡，是公司预算管理的COE（领域专家）行管部门（行业管理部门）。但李雅平放手投入到工作中去，工作能力相比之前有了较大的提升。看着一起入职的同事，甚至比自己来得晚的同事都陆续升为代表处的CFO、共享中心的经理等，李雅平在羡慕之余安慰自己，目前的工作岗位很重要，而且只要努力下去，公司一定会给自己提供机会。2013年1月，李雅平顺利被任命为流程IT管理部的财经部长。

如果没有一线实践经验的积累，李雅平就不可能熟练掌握各种业务技能，也不会有开阔视野的机会。

为了鼓励那些在实践中备受“煎熬”的员工，任正非说道：“实践改造了人，也造就了一代华为人。你想做专家吗？一律从工人做起，这已经在公司深入人心。进入公司一周以后，博士、硕士、学士，以及之前在社会上取得的成绩均消失，一切凭实际才干定位，这已为公司绝大多数人所接受，希望你接受命运的挑战，不屈不挠地前进，不惜碰得头破血流。不经磨难，何以成才？”

任正非提出，“真正的专家要源于一线”。一个人即使拥有深厚的理论功底，但如果没有经过一线工作的锻炼，是很难快速成长起来的，甚至会成为伪专家。因此，任正非呼吁华为的一些中高层领导者也要像新员工一样，经常到基层忍受“煎熬”，要通过实践获取更多的管理经验，成为真正的专家。后来，任正非在《追求专业造诣，走好专家路》一文中说道：

对于专家的培养，我们过去有一些成见和误解，往往认为总部才是专家的摇篮。理由很简单，且看似合理：总部资源丰富、视野开阔，且距离研发最近；而从事一线工作时间过长也成为很多人解释自己技术退化、知识沉淀不足的借口。这些认识固然有一定的道理，但是仔细推敲却不见得有其内在的必然性，并且容易让人忽视一线实践对于专家培养的重要性。正如有位客户这样评价我们的技术人员：“你们有些专家能讲清楚光纤的种类，而讲不清楚光纤的熔接；能讲清楚设备功耗的指标，却无法为我推荐一款可靠的电池；能讲清楚业务发放的流程，却从来没有去过运营商的营业厅。”

真正的专家是不能缺少一线经验的，我们最好的给养其实来源于我们的客户。专家要从一线中来，也要到一线中去，在与客户的碰撞和交融中检查和修正我们对待专业的标准，避免成为伪专家。

任正非深信“实践出真知”，华为人已经拥有深厚的理论积淀，如果再经历一线“战火”的洗礼，就会得到突破，成为真正可用的人才。事实证明，任正非的观点是正确的。在华为，只有那些勇于实践并善于总结的人，才能找出自己存在的问题，以及问题产生的原因，当他们及时更正后，便能够快速地成长起来。

2007年5月前，姜一民（化名）一直都在华为某研究所负责产品开发，可是对产品在一线如何应用一点儿都不清楚，工作也无从展开。于是，姜一民只能白天忙着学习测试，晚上便一头扎进理论知识的书堆里，拼命寻找那些与工作相关的案例，然后按照自己的思路重新写下来。

后来，姜一民到某地参加V项目的第一个商用网开局，在验收测试中，遇到了一个语音与数据业务组合的用例，测试时总是失败。正当大家不知所措的时候，姜一民想到了之前自己写过的一个案例，这使他茅塞顿开，很快就将问题解决了。这件事让他第一次尝到了在实践中总结经验的“甜头”。

2009年，姜一民来到了某海外办事处，那里白天的室外温度达到摄氏零下30度。即使在这种天寒地冻的环境下，姜一民每次在现场处理问题的时候，也会坚持把每个操作细节详细地记录下来。回到基站，他便总结出其中有价值的部分，并形成案例，然后在公司网站上发表。很快，他就从一个对一线技术一窍不通的“菜鸟”一跃成为专家，并深受领导的重视。

姜一民的经历充分证明了任正非的那句话：“实践后经过归纳总结，才会有飞跃性的提高。”

那些从实践中摸爬滚打出来的人在面对困难的时候，会更加冷静，并能够采取有效的处理办法。他们在与竞争对手的碰撞中，能够焕发出高昂的斗志和拼搏的勇气，这正是成为最终胜利者的必要条件。

请注意，你也是管理者！

在当下，一部分员工对自己的定位存在误区，认为自己仅仅是一个执行者，对于工作中需要哪些资源漠不关心。结果，他们经常陷入工作效率低下的局面，哪怕自身已经足够努力，但仍然不能够取得较好的工作业绩。

很多新员工在刚进入公司的时候，工作热情很高，但是工作经验不足。只要上级领导分配了任务，就立刻卷起袖子埋头苦干，根本谈不上计划。在任务执行过程中，麻烦很快就出现了。不是这样东西不够用，就是那样东西手头上根本就没有。结果，这些员工要么干着急，要么就在公司里面到处跑，问张三要这个东西，向李四借那个东西。如此，不仅耗费了大量的时间和精力，工作效率也远远达不到领导满意的水平。

我们在遇到类似案例中出现的情况时，通常会抱怨自己在工作中没能得到有力的支持，自己的才华没能得到足够的发挥。但是正因为如此，我们更应该停下来，仔细看看我们是否用好了自己所能调动的一切资源。只有当我们用自己的智慧，轻松地分配资源和调动资源时，才能够成为工作的主人。

在工作中，华为要求所有华为人不仅把自己定位成执行者，更要把自己定位成管理者，树立资源管理意识。只有当一个人学会对人、事、物等资源进行合理统筹时，他才可能成为高效的执行者。

2013年年初，刚转正的王艳紧急被派去阿联酋出差，支持企业业务产品准入的文档问题。有朋友对她说："这个时候奔赴海外拓展企业业务，相当于去做'炮灰'。"原来，华为在阿联酋的企业业务准入一直困扰着代表处。华为的潜在客户阿布扎比国家石油公司集团年产值超千亿美元，项目机会点最多，但其产品准入制度非常严格，没有完成认证并注册短名单的公司是不能参与项目投标的。当时，华为就这样被拒之门外，只能看着众多项目花落友商。华为驻阿联酋代表处的员工普遍认为短名单准入规则复杂、程序烦琐，即使花大力气做也很难有结果。阿布扎比国家石油公司集团成了华为人公认的盐碱地。王艳犹豫着是否应该放弃此次任务，等待下一个更好的机会。不过后来她想，既然自己选择进入华为，就不应该惧怕挑战。华为在阿联酋的企业业务虽然起步晚，但机遇多，成长也快。于是，她不顾家人和朋友的反对，毅然前行。

来到阿联酋后，她花了数月时间一份一份地查找合作伙伴的历史项目信息，并将其整理、装订成文档；她说服渠道商办理了财务年报审核及相关认证；为了节约客户评审材料的时间，她在评审的前两天一遍遍地检查渠道商的文档；在一轮轮评审的间隙中，她每天都厚着脸皮跑到客户的办公室去询问进展。就这样，华为终于通过了首轮评审。之后，王艳面临着一份长达40页的表格和200多个不同的附件要填写，涉及华为全球项目、制造工作、员工发展与培训、历史项目经验、客户关系管理等诸多内容。一开始，她尝试自己搜索资料，熬了几天几夜，打了上百通电话以后，却发现文档并不完备。很多重要的项目文档和用户报告散落在全球各地区。于是，她开始与各个部门沟通。连续20多天，她每天至少对着电脑12小时。最终，她向客户输出了一份几千页的文档资料。客户惊叹说："这么快就做好了？"提交完文档之后，本以为万事大吉了，她却发现文档须先后提交给客户的商务、项目管理等多个部门审批。王艳坐不住了，逐一约见客户审批人。其中一位客户审批人由于休假无法评审，她就天天"蹲点"等他回来，结果感动了那位客户审批人的同事，帮她完成了审批工作。

2013年7月中旬，华为进入阿布扎比国家石油公司集团第一家子公司的项目短名单，成为客户几大项目的供应商。2013年年底，困扰华为5年之久的投标准入问题终于得到解决。

王艳面对艰难的工作任务，勇敢地承担下来，她排除万难，为华为打开了市场局面。在她看来，自己不仅是企业里的一名执行者，而且是一名管理者。要关注资源、管理资源，让自己的工作得到足够的支持，这样才能达到事半功倍的效果。

再以美国全食超市公司为例，该企业一共拥有194家分店（现已达265家），每年创造近60亿美元的市场销售总额。如果按每平方米面积计算，这家公司是美国利润最丰厚的食品零售商。

它是怎么做到的呢？美国全食超市公司要求每位团队成员都要成为一位经营者，做出团队成员的去留、品类引进等各项事情的决策。如此，员工仿佛是在经营着自己的小生意，对所有的资源都会考虑到位，并做到合理统筹。因此，他们的工作效率自然比别人要高出很多。

实际上，华为员工也越来越重视对资源的管理。当我们仔细回想华为的成长之路时，会发现一个很大的变化，那就是华为的大多数员工已经形成了关注资源的意识，并拥有调动资源的权力。

华为公司会为员工提供最优秀的技术支持、合作伙伴、指导老师及先进的开发设备。在这样一个具备优势资源的开发平台上，员工可以完成将梦想变为产品的过程。这也是很多人愿意到华为发展的重要原因。

在华为的研发中心，不是几个人，而是一大群人在做开发工作。公司在开发上的投入可以说是不惜血本的。即使早期开发C&C08产品的时候，华为的资金流并不充分，任正非仍然坚持压强原则，在产品开发上投入大量资金。在华为，上百万元的逻辑分析仪、数字示波器、模拟呼叫器等最新的开发工具应有尽有。正是因为这种聚集所有优势资源在一个产品开发上的持续用力，才会有C&C08的成功，从而一举奠定了华为后来的强势发展。

作为一名执行者，我们不能被动地等待上级分配资源，被动地推进自己的工作，这样会让我们失去对工作的掌控权。我们应化被动为主动，制定自己的资源配置表，将资源情况进行规划，并将那些需要他人协助的部分与对方进行确认。

那么，我们需要管理哪些资源呢？具体来说，这里所说的资源不再局限于物质的工作条件，它还包括一切人力和物力，如工作者本人、领导、同事、下属、客户、供应商、工作设备和资材等。

因此，当我们接到工作任务以后，要养成首先对资源进行规划的习惯。例如：在工作中遇到问题应向谁汇报和请示？工作中需要与哪些人员对接？与工作相关的技术资源有哪些？可以通过哪些渠道获得？关键物料是如何供应的，个人在工作中如何获取？实验设备及环境资源如何？

每一项工作所面临的资源需求是不一样的，我们应该依据工作的需要，做好资源统筹工作。同时，我们应该在工作过程中随着自己的工作进度，适时地跟踪资源配套情况。只有主动对自己所需要的工作资源进行确认和申请，并与相关方进行及时的沟通，才可能在资源匹配上获得优先权。

华为的一名老员工曾指出：很多研发人员忙于自己的交付，对于别的协作需求往往一推再推。一般情况下，协作的工作内容很多只是名义上必须配合，但对提供协作方来说，这些任务对他们的工作效益或绩效并没有太大的影响。许多人为了保住自身，又不被投诉，往往使出了“打太极”的办法：一是先从技术的角度说方案不合理，至于别人能做不能做先不管，只要不让自己做就行；二是被逼得没办法了，就虚报自己的工作量，说自己手头上的事情太多，绝对是海量；三是拖着不做，待对方等不及了，自然会另寻他法。

可见，我们在工作中会接触很多来自不同部门的人员，因为没有隶属的行政关系，一些协调工作在执行中往往拖泥带水。这在其他领域的工作中也能看到，如果不学会多方施压、多方沟通，工作往往很难做好。对此，我们要学会管理资源、调节人际关系。同时，在协作中将心比心，破除自身的“部门墙”观念，以大局为重，互相支持，以求共赢。

先去摘好摘的果子

从最简单、最容易的事情做起，能够帮助我们树立“一定能够实现目标”的信心，这对我们的工作会有很大的帮助。

我们对举重这项运动并不陌生，看着一个个举重队员轻松地举起重物，不由得暗自佩服这些大力士。同样是血肉之躯，他们怎么会有那么大的力气呢？

举重队员在最初的练习中，通常是先从他们举得动的重量开始，经过一段时间后，才慢慢增加重量。这个训练过程同样适用于拳击运动。合格的拳击经理人，在最初的训练中，都会为他的拳手安排比较容易打倒的对手，而后逐渐安排一些实力比较强的对手。

事实证明，“先摘好摘的果子”的确是一种行之有效的工作方法。这并不是投机取巧、避重就轻，而是我们在摘取了一定数量的“果子”之后，自然会树立起一种信心——“一定能够实现目标”，进而在以后的工作中，能够扛得起命运的重担。这同时是一个循序渐进的过程，我们这样由易到难地做事，心里自然会对这个过程越来越熟悉。当困难越来越大时，我们就能够沉着应付，不失方寸。

反过来说，如果一开始我们就先从不易把握的事情做起，那么很容易失败。比如，把一项艰巨的任务交给刚刚进入咨询公司的新手处理，很可能导致任务无法按时完成。新手只有在积累了丰富的经验之后，才能够顺利地完成任务。因此，每一个刚从事某一领域工作的新手都要有一个积累经验的过程，且通常都是先从有把握的事开始做的。

某国V系统部LTE项目办公室里，王林两眼通红，苦恼地说：“物流报价方案还没出来，面对近3000个无线站点、27种站型、近万条BOQ（配置清单）条目，我昨晚硬是花了7个多钟头，还是得不到预估结果。”同事李亮说：“你没用供应链货量预估小工具吗？”他解释道：“它能比正常统计节省4倍时间，像你这个项目的工作量，1小时内即可完成，而且准确性更高、全球通用。”在李亮的指导下，王林重新匹配数据，竟然只花了不到40分钟就得到了预估结果，效率提升60%以上，数据更可靠。有了这个小工具，项目投标中的物流报价、仓储规划困难便迎刃而解了。而这个小工具就是华为EasyTools平台研发出来的，它专门针对业务工作中的“痛点”进行改进。

一线人员更是对这个小工具赞不绝口，其覆盖产品种类全面，准确率达90%，效率通常可提升50%。自供应链货量预估小工具上线以来，总访问量已突破18万人次，每年可节省工时收益250多万元。这些具有灵活性、方便性和快速支撑性等特点的小工具一经推出，就受到员工的广泛欢迎。如今，所有工具用户有4400多个，累计访问量超过100万人次，它节省的成本每年在1000万元以上。

这是华为人从小处入手改进的一个缩影。如果每个人都把自己工作中的点滴问题处理好，累积起来，那就是惊人的成就。

不过，并不是所有人都认同从身边最简单、最容易的事情做起是聪明的选择。特别是对于那些才走出校门进入企业的新员工来说，他们往往过于自信，也非常浮躁。急于出人头地的他们总是希望自己去完成一件“具有价值”的任务，而不是那些平凡的工作。

任正非一直以来都要求华为人以“平常心”专注于本职工作，他曾说过：“精力应该放在搞好工作上。空抱着那些所谓的远大理想是错误的，做好本职工作最重要，这也是华为文化之一。”

那时候，任正非给产品维修专家的定位就是：“作为一个维修专家，他本身就是很光荣的，维修专家的前途就是要帮华为守住阵地，守到20年。”

任正非清楚地认识到，成功并非一朝一夕就能实现的，很多科学家、文学家和艺术家之所以能够有所成就，是因为他们从最平凡的工作做起，逐渐地积累经验。以史为鉴，美国如此发达的工业，是他们自1750年的工业革命以来，花费了几十代人的心血换来的，为此，他们忍受了200多年的寂寞时光。

因此，我们要抱着平凡的心态去工作，不要总是认为自己应该有大志向而忽视细小的问题。海尔集团总裁张瑞敏就说过一段名言：“什么叫作不简单？能够把简单的事情天天做好，就是不简单。什么叫作不平凡？大家公认的、非常平凡的事情，非常认真地做好它，就是不平凡。”

“先从简单的工作做起”还蕴含着另一层工作哲学——把复杂的工作简单化，这样可以避免复杂的工作所造成的时间消耗，从而能够高效、连续地处理工作任务，并且顺利地达成目标。

如今，华为的管理者已经不用担心华为的员工能不能完成项目目标这样的问题。当华为员工遇到工作难度系数较大的任务时，他们会根据自己的能力将任务简单化，从而循序渐进地逐级达成目标。这种稳扎稳打、步步为营的工作方式，既可以保持工作的连续性，也可以确保时间得到合理利用，提升了工作执行效率。

那么，华为员工是如何将工作简单化的呢？这里有两种方法：一种方法是，将复杂工作阶段化处理；另一种方法是，将繁重的工作单元化处理。

将复杂的工作阶段化处理，是通过模块化简化执行工作的有效方法。具体来说，就是将一个复杂的工作分成若干个阶段执行，每一个阶段就是一个独立的模块，负责不同的工作进程，最终达到工作目的。

将繁重的工作单元化处理，即将诸多工作分成若干个部分，确保每个部分都是一个简单的工作模块。这样一来，员工不但操作起来容易很多，还会在执行中逐渐树立起信心，从而能够一鼓作气地完成任务。

由此可见，懂得让自己从最简单、最平凡的工作做起本身就不是一件简单的事情。当我们在同一个工作岗位上有了一定的积累后，我们就有能力逐渐挑战更复杂、更艰难的任务，以此激发出自己更大的潜能。

强化沟通，实现无缝对接

汤姆·彼得斯在《追求卓越的激情》中指出美国管理效率低下的问题，他说："美国头号的管理效率问题实际上很简单，就是管理人已经与自己的员工及自己的客户失去了联系。我所说的保持接触和联系，并非指通过计算机、打印文件或在没完没了的会议上所进行的接触，而是指真诚的和发自内心的交流和沟通。"强化沟通，实现无缝对接是高效管理不可或缺的一部分。

华为的一位员工曾这样描述他在项目中遇到的情况：

当时我做的是MAP部分，跟其他（部分）接口最多。当时是跟数据库接口，跟呼叫处理、移动管理都要接口。它基本上是一个接口模块，一开始定了一些接口，但是后来大家各变各的，出现偏差，也没有想到沟通。因为当时这个模块有些是下面人写的，他们没有这些意识，我呢，也没有加强这方面的检查，没有意识到这些地方很容易出错。我现在就不会了，这个定下来谁也不能动，什么地方要改，要互相评审，这个地方为什么要改，是严格控制的。由于当时开发人员在没有沟通的情况下就把接口给变了，结果后来在接口的过程中，发现问题太多了，根本就对不上。最后，大家只能重新修改程序并定下新的接口。经过调整以后，接口虽然对上了，但工作整整浪费了一个月的时间。

如果组织内部成员之间在工作内容发生变动时，能够事先沟通一番，就不会出现每个人都有自己的一套接口的情况，最后也不用花费更多的时间进行调整了。在华为，出现过很多项目进度延期、返工维护等异常情况，究其原因，缺乏有效沟通是一个重要的因素。

对于沟通，美国著名的未来学家奈斯比特毫不掩饰地将其形容为企业未来竞争的焦点。他说，未来竞争是管理的竞争，而竞争的焦点在于每个社会组织内部成员之间及其与外部组织的有效沟通上。

在实际的管理工作中，很多管理者都能够意识到沟通的必要性，并试图让团队成员自由交流信息，员工们也有着强烈的沟通意识。然而事与愿违的是，沟通过程中总是存在诸多障碍：有些人不愿意打扰同事或上级的工作，觉得等工作结束以后再沟通也无妨。这种错误的观念造成了沟通滞后，而沟通滞后就意味着被动、信息受阻、机会丧失，是工作节奏紊乱的主要原因。

华为的一位项目经理回忆起自己初到公司的情况："刚到公司不久，就接受了一个重要的项目。众所周知，华为的项目一向很紧，包括项目经理在内的所有成员，都要加班加点地努力。我也同他们一样拼命地工作，心想，自己一定要做好，不能给他们添麻烦。在工作中遇到一些棘手的问题自己总是反复琢磨。"

经过一个月的努力，到了第一阶段集成的时候，这位项目经理才发现自己设计的系统与其他人存在很大的偏差。当时的项目经理不得不召集其他人一同帮他修正，为此多花费了一周的时间。这件事情以后，这位得到教训的"新人"知道了在工作中要多留一个心眼：遇到问题时记录下来，然后交给项目经理或花几分钟时间直接向上级汇报。

很多员工，特别是急于表现自己的新员工，在接到工作任务以后，喜欢独自揣摩工作中遇到的问题，暗自鼓励自己不要放弃表现的机会。他们习惯用"摸着石头过河"的方式解决问题，一番周折以后也算是"圆满"地完成了任务。等到任务完成并且要与其他成员的工作对接的时候，才发现很多问题，此时若要修正，难度已经非常大了。就算能够修正也属于返工性质，既浪费了自己的时间，也严重影响到别人的工作节奏和进度。可见，在项目过程中只有强化沟通，才能实现无缝对接。

柯达公司有一种名叫"open door"的沟通方式：基层员工在遇到问题以后，能够随时到主管或更高级别管理者的办公室进行沟通。在柯达公司内部，员工可以直呼管理者的名字，且不用在意级别之分。柯达公司这种开放的沟通方式，给员工搭建了一个很好的沟通平台，消除了下级员工主动与管理者沟通的障碍，自然就不会出现沟通滞后的情况了。

通用电气前CEO杰克·韦尔奇为了保障沟通的自由，更是提出了“无边界理念”，他要求公司将各个职能部门之间的障碍全部清除，工程、生产、营销及其他部门之间的信息能够自由流通、完全透明。这种“无边界理念”为通用电气的员工提供了随时沟通的平台。

在华为，为了能够实现部门之间的无缝对接，盛行一种“吃文化”。总部派人到办事处做支持，首先就要过吃饭这一关，找一个咖啡厅或者干净的小饭馆，边吃边谈。华为“吃文化”的精髓就在于边吃边谈中，可以进行畅通无阻的沟通、交流。在交流过程中，还可以顺便把工作的目的、对策穿插进去，为日后的工作配合达成默契，实现完美对接。

华为的“吃文化”在许多部门内部十分流行，甚至已经成了工作的一种延续和补充。员工之间要么实行AA制，要么轮流坐庄，今天你请一顿，明天他请一顿，这为内部员工创造了一个经常性沟通交流的平台，整个团队的气氛也被调动起来。如此，避免了员工们每天伏案埋首、默默无闻地推动各自项目的进展，甚至在工作中不考虑结果地“自我发挥”。

在华为，干部也是“吃文化”的倡导者。只要干部晋升，就应该感谢下属，请下属吃饭。不仅自己“吃”出了个中滋味，还能不断进行总结和推广，影响下属也用心去“吃”。员工们也能心领神会，结果自然是大获裨益。

对于华为的“吃文化”，任正非曾多次在不同场合表示支持，甚至提出要继续发扬光大。任正非说：“你感觉自己进步了，就请自己吃一顿；你要当好领导，那么多请部下吃几盘炒粉吧，在轻松自由的氛围里，很轻易就做到了上下沟通、协同工作，部门的效率也就提高了；你想做大秘书，也要多请客，你的工作经过沟通开放了，大家帮助你，互相又了解，你就能成为‘大秘’；搞管理的，更要在一起这样经常碰。”

如今，各类组织日益全球化，员工队伍也日益多样化，实施开放的沟通策略已经成为企业最重要的管理技能之一。特别是像华为这样以信息化为主的通信企业，更应该强化沟通，才能实现无缝对接，减少无用功。

与下属保持适当的距离

强化沟通、保持对接紧密，以及通过“吃文化”与同事或下属之间形成默契的合作关系，并不意味着与他人之间的关系可以毫无距离感。特别是管理者，只有与下属保持适当的距离，才能既做到令行禁止，又使互相之间保持必要的职业尊重。

在寒冷的冬季，两只刺猬被冻得睡不着觉，就想通过相互拥抱的方式来取暖，于是它们就紧紧地抱在一起。但是，由于它们身上都长着长长的刺，当它们抱得太紧的时候就会被扎得浑身是血。几经折腾之后，两只小刺猬稍微拉开了距离，这样不但不会互相扎到对方，还能感受到彼此的温暖。

这个故事就是“刺猬法则”的由来，如今已经被广泛地应用到企业管理中。管理者和下属员工之间要保持适当的距离，这样既能够帮助管理者树立自身的威信，也可以避免管理者与员工关系过近，在决策时受私人关系的影响而处于被动的局面。

有过军旅生涯的法国总统戴高乐是一个很会运用“刺猬法则”的人，他有一句座右铭：“保持一定的距离。”这句话一直深深地影响着他和他的顾问与参谋们。戴高乐对下属有一条规定：下属在同一个职位上只能待两年时间。因此，在他担任总统的10多年里，无论是秘书处、办公厅，还是私人参谋部等顾问和智囊机构，都没有人的工作年限能超过两年。

戴高乐之所以做出这个规定是受到了军队的影响，因为军队始终都是流动的。他想靠自己的思维来做决断，而不是让下属成为自己“离不开的人”。通过工作调动能够与下属适当地划清界限，杜绝下属利用自己的名义营私舞弊；而且，新的成员能够提供崭新的思维，让团队充满新鲜感。

戴高乐的做法值得管理者敬佩和深思。任正非也意识到了这一点。为了消除“小团体”，避免一些要害部门的人员长期在同一个部门形成“马屁文化”，任正非让华为人的职位和任职地点不断轮换，以保持管理者和员工之间的距离。

不过，管理者也不能为了与员工保持距离，每天都摆出一副高高在上的姿态。《华为人》报上曾刊登过这样一个案例：

某部门有个PL（项目组长）名叫张华（化名），负责一个开发团队。每次主管问他：“你们组怎么样？”张华总是回答：“很好啊。”其实，该部门的组织气氛调查已经显示张华的团队氛围出了问题。而张华由于远离员工，导致其无法具体了解小组成员的真实状况，在这种情况下，根本无法识别奋斗者和惰怠者。很多主管在考评员工时认为很难，其主要原因就是离员工太远，不能及时洞察员工的具体工作和输出。可见，主管只有拉近与员工的距离才能有效地识别和评价真正的奋斗者；而对于有懈怠倾向的员工，无论新老，主管都要敢于实施惩罚。很多主管抹不开面子，只习惯于做正向激励或敷衍了事，而下面的员工却看得一清二楚，不公正的绩效考核会让团队的战斗力逐渐下降。

这个案例明确指出，主管要接近与员工的距离。这样员工才能感受到主管在与他们共同奋斗，员工的工作积极性才能得到提升。

主管离员工近一些，目的就是要让员工感受到主管在与他们共同奋斗。不能说“举杯相庆”的时候主管一请就来，“拼死相救”的时候就找不到主管了，这样的主管是不称职的。为此，华为提出了“三远”原则，以此来引导管理者走近员工。

第一，离领导“远”一些。主管在业务上要与领导密切联系，但不是和领导套近乎，更不能顺着领导的决策倾向提供意见。作为管理者，要把员工放在首位。

第二，离会议“远”一些。要把PL从胶片和会议中释放出来，时时刻刻贴近具体业务，充分与员工对话，这样才能和员工有共同语言。比尔·盖茨曾指出：“能站着解决的问题就不要坐着解决，能在桌边解决的问题就不要去会议室。”这句话中的“去官僚主义”主张值得我们借鉴和学习。

第三，离胶片“远”一些。提倡内部汇报胶片简化，讲清楚即可；重视走动办公，减少基层向上汇报的次数，更不能将胶片写作摊派给基层。

总之，管理是一门艺术。只有贴近一线、贴近团队，才能提高整个团队的战斗力。管理者要想带好一个团队，必须掌握与员工之间的距离，既不能高高在上，也不能与员工混淆身份。就像通用电气公司前总裁斯隆，在工作场合他会主动与员工们交流、沟通，从不吝啬对下属的关爱；但在工作之外，斯通会与员工保持适当的距离，如果员工邀请他去家里做客，他会委婉拒绝。正是这样，斯隆才会在通用电气总裁的职位上，一待就是23年，让通用电气从重大危机中存活下来，而且业务越做越好。

第 7 章　沟通协调

你们有权在必要的时候直言不讳地陈述己见。这并不意味着我们必定会认同你的看法；但是，我们将始终乐于倾听在你看来什么将有助于更好地达成我们所追求的成效，并在这一过程中创造一种自助助人的成功经验。

任正非

沟通就是生产力

很多时候，项目进度延期、返工维护等，是由于我们自己与协作方的沟通不顺畅，任务对接不到位造成的。

我们不妨看看华为是如何进行内部沟通的。

华为在利比亚Turnkey项目中，一位本地实施经理遇到很多问题没法解决，便抱怨分包商发货不对或能力不够，总之，问题都出在别人身上。项目经理王端军决定找他沟通。当耐心地倾听完这位实施经理的抱怨后，王端军跟他说："问题已经发生，最重要的是如何解决问题，并且避免同样的问题再次发生。与其抱怨，不如从根本上分析问题，逐步解决问题。"

就这样，经过两三次沟通后，这位本地实施经理开始以新的方式面对问题。他把团队每月和每周的计划和目标预先设定好，并明确团队各个成员的任务。每天上班依照计划执行，同时处理新的问题。后来，这位本地实施经理被调到了阿尔及利亚做质量经理，不久团队的质量就在整个北非地区部排名第一。

王端军与本地实施经理的沟通起到了良好的效果。在华为，沟通不仅是项目管理的重要手段，而且是每个华为人的基本职业技能。为了避免在工作过程中出现对接障碍，华为公司要求员工在项目工作开始前，就要做好沟通工作，在适当的时间将适当的信息通过当前的渠道发送给适当的利益干系人。

P国P项目的交付过程中，项目交付组与客户逐步建立了正向的客户关系，尤其建立了与客户项目总监T先生之间的沟通渠道，对最终项目交付成功起到了关键作用。

项目实施阶段，交付组根据站点获取困难、业主频繁变更等导致效率低下的问题，主动与T先生沟通，双方一起优化站点获取流程，并建立站点获取联合团队，一起到站点与业主沟通，大大提高了站点获取进度，由原来一个月完成10个，提升到80个，这种互动沟通被T先生评为“Good Solution”。

在项目验收阶段，交付项目组和产品线、客户线有效沟通，提前制定验收方案等，并积极与T先生沟通确认各项内容。在双方的共同努力下，完成整体项目验收，取得回款。

在项目商用阶段，项目组每周都与客户沟通确定后续传输需求，并分解到每个区域跟踪落实。由于良好的沟通反馈，传输到位迅速，站点开通高峰时单月可完成250个以上。

在路测和网络优化环节，交付组、产品线、客户线有效沟通，针对CDMA网络在P国的实际使用需求，定制了测试优化内容和对应KPI，高峰月完成300个站点的网优和商用，超出客户预期。

最终，该项目被客户评为年度最成功的项目交付，同时也被评为公司年度金牌项目。

项目交付中，华为不仅十分重视计划、组织、实施、控制等环节，而且将客户沟通管理也视为核心环节。

华为人借助沟通互动，收获了良好的结果。在其内部沟通上，他们一般会遵守“沟通三原则”。

沟通及时是华为员工遵守的首要原则。华为员工会将必要的信息在第一时间向利益相关人传达，以保证上下、平行沟通渠道的顺畅。

信息准确是华为员工沟通的第二原则。无论是书面沟通还是口头沟通，华为员工都会准确地传达信息。为了保证沟通信息的准确性，华为员工会借助金字塔思维工具。在金字塔顶端的是综述，即要表达的观点、问题、看法和结论；然后，华为员工会针对上一级的内容一层一层地展开，直到信息足够准确为止。

最后，华为员工会严格控制信息的传递量，确保恰到好处，这是沟通要遵守的第三个基本原则。信息过多，倾听者容易忘记；信息过少，则会降低效率。通常，信息量传递应遵守“7±2”原理，因为年轻人的记忆广度大约为7个单位（阿拉伯数字、字母、单词或其他单位），过多或过少都不适宜。

为了确保信息沟通工作的顺利进行，华为要求所有的工作人员在沟通中必须提前拟定沟通计划，明确信息沟通的相关人、信息沟通的形式、信息发放的时间和发放的方式等内容，并制定出详细的信息发放日程表。

不过在此之前，华为员工首先会明确沟通的两个层面：一是针对项目组内部的沟通；二是针对与高层和顾客的沟通。然后，他们会明确四个问题：

（1）与谁沟通？

（2）为什么要沟通？

（3）他们需要怎样的信息，频率如何？

（4）沟通的目标是什么，用什么方式完成沟通？

分析这些利益相关人，确定他们的需要和期望后，对这些期望进行管理并施加影响，确保项目获得成功，然后确定沟通计划。

沟通计划要说明待分发信息的形式、内容、详细程度，采用符号的规定与定义，然后确定信息沟通的日程表。

所有华为人都深知沟通的重要性，它不仅是一项工作技能，更是影响团队绩效的关键因素之一，每个人都必须在工作中充分重视它。

放低姿态，员工才会讲真话

有这样一些管理者，他们面对员工时总是有很强烈的优越感。职务上的差异，使他们认为必须摆出高姿态来显示自己的权威。他们平时对待员工态度冷淡，挑剔员工的工作，甚至对员工取得的进步不屑一顾。

面对这样的顶头上司，员工们也只能唯唯诺诺，不愿也不敢与他们交流。在这样的高压政策下，领导者和员工之间的距离只会越走越远。久而久之，员工就会萌生逃离的想法。反观那些放低姿态的管理者，他们身边总是围绕着很多员工，而且员工会向其献计献策。任正非就此评论道：

在任何时候，如果你感觉到我们没有做对事情——没有做对我们大家都有益的事情——请明白地说出来。你拥有我们的许可：有权在必要的时候直言不讳地陈述己见，提出你的建议，或是质疑某项行动或决定。这并不意味着我们必定会认同你的看法，或者是必然会改变我们现有的做法；但是，我们将始终乐于倾听在你看来什么将有助于更好地达成我们所追求的成效和目标，并在这一过程中创造一种自助助人的成功经验。

任正非强调，管理者在与员工沟通时，要放下身段和架子。管理中唯有打破上下级之间的界限，才能从员工那里听到真话，才能让员工心甘情愿地做事。

刚入职华为的王丽雯在机关培训了3个月后，于2006年5月被派往尼日利亚。王丽雯在工作中经常受到客户的投诉，甚至是斥责，每次她都强忍着泪水，微笑着与客户交流，承诺整改方案。

3年后，王丽雯转身成为导师。下属Solu刚加入公司，王丽雯让他做助手。出于信任，王丽雯让他独立完成一个任务，并在3天内提交一份评估报告。当王丽雯看到报告时，发现里面竟没有数据和信息。正准备责骂Solu时，王丽雯想到了自己以前被客户责骂的经历，意识到自己用错了指导方法。

之后，王丽雯每次给Solu布置任务前，都先为其制定好明确的目标及要求，使Solu的办事效率得到了显著的提高。Solu住的地方离办公室有3小时的路程，有一天晚上，为了第二天的供应商大会，他主动要求留下来做最后一晚的筹备工作。他说："我是华为人，就应该像你平时教我的那样做。"这让王丽雯感到十分欣慰。

王丽雯没有以居高临下的姿态批评下属，而是从自己身上找问题，帮助下属不断成长，令下属心甘情愿地与她共同奋斗。

在华为，大家是如何做到无障碍沟通的呢？对此，任正非提出了自己的几点看法。

首先，任正非认为无障碍沟通前，企业管理者一定要选择合适的时间和地点，并确定好沟通的具体内容。例如，在娱乐、休闲场所沟通的效果往往比在办公室沟通的效果要好很多。

其次，在沟通过程中，任正非要求管理者要以朋友的姿态与员工沟通。而且还要在传达公司制度和规定的同时，观察员工的反应，询问员工的意见。

最后，与员工沟通后，管理者要做一个详细的记录，以便为接下来的决策调整找到灵感。

换位思考，实现双向交流

不可否认，企业管理者与员工之间的确存在着职位差异，但这并不代表人的尊严有高低之分。如果领导者不尊重员工，那么员工自然就会心生不满，从而排斥管理者。

任正非坦言：“人与人之间的沟通，最重要的便是相互尊重。尤其是企业的领导者，只有尊重自己的员工，员工才会从心底服从你！反之，他们只会离你越来越远。”因而，在尊重员工这一点上，华为公司就做得很到位。

华为公司的成功与公司“以人为本”的宗旨是离不开的。这个宗旨主要体现为关心人、重视人、尊重人。

华为公司的管理者们经常会深入工作现场与基层员工一起交流，甚至会一起工作一段时间。在这段时间里，管理者会与员工进行面对面的思想交流，听取员工的意见。听一位华为公司的基层员工讲，华为公司的几个很重要的管理决策都是出自他们之口。当然，华为高层还会利用巡视时间，了解员工的生活状况，并且根据员工反映的情况，适当地调整薪资结构。华为的此番做法，无疑让基层员工的干劲儿更足了。

由此可见，当员工真正感受到来自领导者的关心和尊重以后，他们会发自内心地高兴，然后为工作付出百倍的努力。而且，当员工与领导者有意见分歧时，员工会更愿意站在领导者的角度，多替领导者着想。同任正非一样，联想总裁柳传志也认为领导者在与员工沟通时，尊重员工不仅表现为耐心地倾听员工的意见，更多时候还需要领导者换位思考。尤其是在上下级之间存在矛盾时，领导者如果能够站在员工的立场换位思考一番，往往更容易化解双方的冲突。

2014年年底，潘基强入职华为，经过3个月的培训后，被派往非洲北部多国代表处，常驻贝宁。

贝宁是法语区国家，为了融入当地的工作氛围，他每天下班都挤在本地员工当中和他们聊天。几个月后，他和本地员工相处得非常融洽。

2015年下半年，贝宁代维项目有29人合同即将到期。按照规定，29人中有23人将切换为外包员工，6人直接释放。这批人在一年前从客户侧切换给华为当地项目时，曾经进行过罢工活动，项目组对此次人员调整压力也非常大。

作为项目HR，潘基强在思考如何向员工传达公司的善意，让他们明白转移外包并不是为了以后开除他们，公司是“以奋斗者为本”为导向的。7月底，潘基强孤身一人下站点探访本地站点工程师。3天时间，他从首都科托努出发，往返总计1200多公里。白天，哪里方便他就和员工在哪里沟通，站点、机房，甚至是客户营业厅门口。3天里，潘基强向他们解释公司政策与导向，安抚他们的情绪。有几名本地员工很感动地说：“第一次有HR到这么远的内陆来看望我们。”

2015年10月，项目组正式启动人员切换计划，无一起人员纠纷；工作交接也顺利完成，未对项目组业务造成影响。

潘基强保持开放的心态，从员工的角度思考问题，并主动与员工沟通，赢得了员工的认可，也让人员切换计划得以顺利实施。

这表明，在企业管理的过程中，领导者要站在员工的角度思考问题，深入了解员工的难处，学会为员工考虑。领导者只有真心为员工着想，才会受到员工的爱戴。

一天，华为公司的两个新职员在电梯里抱怨公司财务制度上的一个小问题。在她们身边还站着一位面相敦厚的长者，但她们当时并没有在意这个人。第二天，财务部门告知这两个女职员，她们所抱怨的那个问题已经解决了。两个女职员十分诧异，对方告诉她们，是任总亲自打来电话，并敦促财务部门解决的。此时，她们惊呆了，没想到昨天站在她们身边那个一直在倾听她们抱怨的长者就是任正非。

不可否认，在现实生活中，有很多领导者在与员工沟通交流的时候的确做到了尊重员工、换位思考。但是，他们总喜欢在沟通时板着脸，这种做法不免会让员工闭上心门。

可见，只有感觉到领导者的尊重，员工才愿意与他们分享自己的真实想法，而领导者也才能做出更加准确的管理决策。

沟通一定要达到情感共鸣

如今，沟通在企业管理中发挥着越来越重要的作用，很多领导者只注重与员工进行工作、项目、计划、前景等方面的沟通，却忽视了与员工心灵上的情感交流。

任正非认为这种管理方式是不正确的，他说："与员工沟通，首先要做到心灵上的互动。如果在与员工沟通的过程中没有情感方面的交流，那么员工就不会被感动，继而也不愿意与企业同心同德。"

在华为，任正非经常这样告诫公司的高层领导者："与公司员工沟通，一定要达到情感共鸣。首先，要用心沟通，即领导者要从内心深处尊重每一位员工，宽容慈爱，脸色尽量柔和，注意说话的语气，态度要和善。其次，就是要找到与员工的共同点。领导者要了解员工的喜好，谈论员工熟悉的话题，这样才能拉近与员工的心理距离。最后，就是适时拉员工一把。当他们在生活或工作中遇到困难时，领导者一定要伸出援手，为其提供帮助，感动员工。"

任正非这种情感式的沟通方式，得到了"老干妈"陶华碧女士的认可。陶华碧是贵阳南明老干妈风味食品有限责任公司的创始人，她本是一位没有文化的农村妇女，却用了6年时间就将公司发展为资产高达13亿元的知名大企业。这在很大程度上得益于她独特的管理方式——亲情化管理。

创业早期，陶华碧考虑到公司处于比较偏远的位置，交通不便，员工吃饭或回家都成了很大的问题，于是决定所有员工的吃住问题一律由公司来承担。时至今日，老干妈公司已经发展到拥有过千员工的规模，而这个规定仍然没有被废止。

陶华碧总是在员工想不到的地方关心人、照顾人，无时无刻不进行“情感投资”。每当有员工出差，她都会像母亲给儿女送行一样，亲手煮上几个鸡蛋，一直把员工送到厂门口，看到他们上了公交车，她才放心回去。

陶华碧亲情化的“情感投资”，让老干妈公司的凝聚力越来越强。陶华碧在员工的心中就像母亲一样可亲可敬。在公司里，没人叫她“董事长”这个听起来很威严的称谓，而是亲切地称她“老干妈”。

陶华碧凭着自己最朴素的感情，精心地呵护每一位员工。员工们也以“涌泉相报滴水之恩”的心态，团结一心地为老干妈公司的迅速发展拼搏奋斗。

截至2013年，老干妈公司累计产值已经高达37.2亿元，上缴税金5.1亿元。2014年，老干妈公司入选2014年中国最有价值品牌500强榜单，以160.59亿元的品牌价值名列第151位。陶华碧把一个民营企业办到这种程度，创造了一个让人难以想象的神话。她的成功，令人感叹不已；她的“情感投资”之道更值得我们学习和借鉴。

正如香港首富李嘉诚所说：“我不是一个聪明的人，但是我与员工沟通有我的方法。每次沟通我都会站在他们的角度设身处地地为他们着想。自然，他们就会与我产生一种情感共鸣，继而愿意与我同心协力、共创未来。”

海外市场是华为最重要的攻坚目标之一，公司曾经派遣大量精英远走他乡，开疆拓土，李阳好便是其中之一。

刚被派去华为印度办事处工作的时候，李阳好便被赋予重任，负责带领一个技术团队。新官上任，团队建设工作并不容易。属下们根本不把他这个“空降兵”放在眼中。李阳好十分郁闷，甚至萌生了抽身回国的念头。

这时，他的老上司听说了他的困境，对他说道：“出差并不是一件容易的事情，尤其像你这样身处异国他乡。我对你只有三点建议：第一，放松一下自己，别把身体和精神绷得太紧。据我所知，印度有很多名胜古迹值得观赏，让自己放松下来，工作的灵感才能慢慢涌现。第二，想在出差中工作得顺利，还要有适当的计划。然后在没事的时候，看看你的计划与其他同事的计划是否匹配、一致，这很重要。只有计划一致，才能协调并进。第三，也是出差在外的一个生存技巧，你要对所在地的每个人都表示出足够的尊重。不管是门卫也好，助手也罢，或是其他人——这些人的能力往往超乎你的想象，他们如果愿意帮助你，那么你在异地的工作、生活就会变得格外轻松和愉快。”

听了老上司的指导，李阳好决定试一试。经过3个月的磨合，他果然成功了，工作效率成功地超越了当地的印度团队。当他功成名就回到国内的时候，不仅赢来了无数的鲜花和掌声，还带回了许多旅行的收获。

可见，领导者应该充分地了解员工，竭尽所能地为员工解决烦恼，才能真正得到员工的认可。就像柳传志所说：“领导者只有主动了解员工、帮助员工，员工才会相信你、帮助你。领导者与员工之间就是这样一种互相鼓励、互相帮助的关系。”

请不要浪费他人的时间

值得注意的是，沟通是有时间成本的，我们要避免在不经意间打乱别人的工作节奏，降低对方的工作效率，或是浪费自己的时间。

这里我们不得不提到华为时间管理培训中提到的“韵律法则”——要与别人保持相同的工作韵律，了解对方的行为习惯，不要唐突地拜访对方。

华为全球统一通信市场技术经理穆立昌在谈及浪费他人时间的问题时曾说道：“如果有员工要来汇报工作或客户有约来访时，不要让他们等待，开会或洽谈时不要迟到，避免浪费他人的时间。”

因此，我们要经常反省自己所做的哪些事情浪费了他人的时间，并努力避免这类事情的发生。如果自己无法得出结果，则应询问自己的上级、同事、下属：“我做的哪些事情浪费了你的时间？我该如何改变使用时间的方式，以便提高你们的时间利用率？”

不打扰别人，首先要掌握正确的沟通时机，避免在不合时宜的情况下找对方沟通。选对了沟通时机，沟通过程才会高效顺畅，时间也会用得最少。华为高级管理顾问吴春波曾记录了任正非与之沟通的一个片段：

2009年5月20日，我正参加硕士答辩，突然手机震动，一看来电显示，原来是任总打来的。任总问："在忙什么？"告之在答辩时，任总说："不打扰您了！"说完挂断了电话。

任正非选择了一个不够适宜的沟通时机，但是发现时机不适宜后，迅速结束了通话，中止了沟通。任正非身体力行地诠释了一个道理：在工作中，不能打乱别人的工作节奏。

可是在日常工作中，我们与领导之间、与同事之间、与客户之间的沟通和交流是必不可少的，这就会不可避免地打扰到别人的正常工作，影响到对方的工作效率，也会浪费我们自己的时间。

怎么办呢？在华为，上至管理层，下至基层员工，都会把握最适当的时间与人沟通，绝不贸然打扰他人。那么，华为人是如何选择沟通时间的呢？

下面是一位华为员工以一星期为标准的沟通安排。

星期一：在每个星期的第一天，向员工安排一星期的工作或召开会议。但是，如果要与同事或客户沟通，则应尽量避开这一天。如果急于与之沟通，也要尽力避开上午时间。

星期二到星期四：这三天属于正常工作时间，员工们全力投入工作中，如果要与同事或客户沟通，可以选择在这个时间段内进行。

星期五：人们习惯于在星期五总结一星期以来的工作，向管理者汇报工作进展情况。如果要向管理者汇报工作或向员工了解工作进度，可以选择在这一天进行；如果要与客户就某些工作问题进行沟通，通常不会选择这一天。

星期六和星期日：这两天是法定休息日。但是由于华为人仍然保持着艰苦奋斗的优良传统，很多员工在这两天选择加班，并且往往会在这两天安排特别的工作任务。但是，他们绝不会在休息日里贸然与客户沟通，也会尽量避免打扰同事或领导。

很多员工甚至会把沟通时间计划得更加仔细，以一天作为标准。

9:00—12:00，这段时间大多数华为人都在紧张地做事，这时接到电话也无暇顾及。所以，在华为，人们通常不会在这个时间段打扰他人。如果必须就工作问题进行沟通，人们会选择11:00—12:00。因为，这时沟通对象大多数已处理完一些紧急事情，忙碌程度降低。

12:30—14:00，午饭及休息时间，除非有急事，否则不要轻易去打扰他人，因为经过一上午的忙碌工作，人们已经有些疲劳，需要为下午的工作养精蓄锐。

14:00—15:00，尽量不要与之沟通，因为人们会在这段时间感觉到困意和烦躁，往往处于头脑缺氧的状态，很难集中精神，此时做出的决策或给出的意见也往往不够准确。

15:00—18:30，这个时间段较适宜针对工作问题与人沟通。

18:30—21:00，下班休息时间，人们通常处于一种比较放松的状态，此时不适宜就工作问题与人沟通，因为经过一天的工作，对方可能已经比较疲惫，往往注意力不能集中或心情欠佳。

21:00—次日9:00，私人时间尽量不要与他人联系，人们在这段时间一般不希望被他人打扰。

不过，根据个人工作性质的差异，时间标准也有所差异，我们要根据具体情况来具体分析。而在此过程中，我们只要把握住一点即可——绝不能不择时机地与他人沟通，以免给沟通对象造成干扰。

我们尽量不要贸然地拜访他人，如果实在需要与他人沟通，要先了解对方保持的工作韵律，以免在他人忙碌时打扰他人。

一位华为销售人员要向客户递交资料，为了避免打扰客户或无法见到客户，销售人员提前与该客户的秘书取得了联系，由于客户当天有会议安排，而会议时间长度不定，工作计划变动性极大，无法预约准确的见面时间。于是，该销售人员在当日多次向秘书了解客户便于沟通的时间。待到中午，客户会议结束，秘书提醒客户这次的见面安排，销售人员最终获得了与客户沟通的机会，并赢得了客户的好感。

从这个案例中，我们可以总结出三个沟通的技巧。

第一，了解沟通对象的工作习惯。每个人都有不同的工作习惯，如果对管理者、同事及客户的工作习惯较为熟悉，了解其开始工作的时间和结束工作的时间，那么在沟通时机的选取上将更容易占据优势地位。在通常情况下，当沟通对象最繁忙、提出谢绝打扰的要求、说明工作效率最高的时间段内，我们尽量不要去打扰对方。

第二，了解沟通对象的工作进度。了解沟通对象当前执行的工作任务，预估工作进度情况，选择其工作节奏稍缓的时间进行沟通。对于这类信息，可以从沟通对象的秘书及合作对象处获得。

第三，礼貌地确认沟通意愿。如果沟通对象不愿意沟通，任何时间的拜访都是不恰当的。所以，在沟通前，一定要确认沟通对象目前是否便于沟通，不妨礼貌性地问问："您现在方便吗？或者我们稍后再谈？"鼓励他人以同样礼貌的方式询问我们何时方便。如果沟通对象有秘书，也可以通过后者帮忙预约沟通时间。

总之，要想做到不轻易打扰别人要求我们养成良好的工作习惯和掌握沟通技巧，这是一个长期的过程，需要我们在具体的工作中不断反思，以便取得进步。

不要动辄就说"我明白了"

在工作中，很多员工都存在着"花了很多时间做事，结果对方却对执行结果不满意"的困惑。其实，这些困惑主要来自他们在与领导的沟通中，对任务的理解存在误差。如果员工对任务的理解和领导的预期有很大的差距，而这种差距反过来影响到工作执行，则必将产生矛盾。

针对员工"花了很多时间做事，结果对方却对执行结果不满意"的困惑，归根结底，对方表达不清可能是原因之一，但最主要的原因还是员工在接受任务时没有听好、听对任务，并且在随后的工作中，又因为理解不明确再次与对方沟通，从而打乱了双方的工作韵律，浪费了大量时间。

张佳在一家软件开发公司工作将近3年时间，可以算是公司的老员工了。刚进入公司的时候，张佳每次开会都认认真真，还会拿个小本子做笔记，可现在的张佳却少了些耐心。

有新任务的时候，只要领导一开口，张佳的心里就开始念叨："就是跟以前的工作一样嘛，傻子都知道该做什么！"然后便开始左顾右盼，领导交代的事情一句都没听进去。

等到工作忙碌了好长一段时间后，张佳才发现有些不对劲儿。张佳又只能三番五次地找领导沟通与确认，最后几乎把工作重新做了一遍。这样不仅浪费了时间，也给领导留下了不好的印象。

为什么员工听到的和理解的，并不是领导想要的？怎样才能保证员工听到的正是领导想要表达的意思呢？

心理学中的“选择性记忆”原理给了我们答案。所谓选择性记忆，就是人们在接收信息的过程中会根据个人的需要和意愿进行筛选，按照自己的理解有所侧重甚至有所曲解，结果“听错”了对方的信息。正是这些选择性因素，使得员工在倾听领导的吩咐时会与对方的预期出现差异。

在华为，为了避免这种“听错”的现象，公司要求员工掌握一项基本的工作技能——学会倾听。通常情况下，华为员工在倾听管理者安排任务时，都是按照备好纸笔、认真倾听、最终确认这三个步骤进行的。

在管理者布置任务时，我们当时可能记得清清楚楚，可是在正式开始工作时，很可能会遗忘部分细节。这时，若再去向管理者确认又担心给其留下工作不严谨的印象，同时也会打扰管理者工作。所以，华为的员工会事先准备好纸和笔，用来记录管理者的重要指示。

从华为员工的笔记本上，我们可以看到他们用自己习惯的方式（关键词或符号）所填写的任务记录单，上面记录着布置的任务重点，如表7-1所示。

表 7-1　任务记录单

任务类型：	日期：2009年11月2日15时
中心任务	排除故障（排除设备故障）
完成时间	2d（两个工作日为期限）
建议方案	王克协助 开发部支援 （由同事王克做协助工作，必要时向研发部寻求支援）
预期效果	零故障（以无故障为目标）

任务记录单看似简单，但如果不能认真倾听、把握管理者的真实意图和话题重点，填写工作不免流于形式。因此，华为员工很注重倾听过程，不仅会在任务记录单上标注关键词，偶尔还会有管理者当时的情绪状态词。

华为员工针对倾听过程总结出了几个小技巧。

华为员工首先会注重“抓关键词”，即注意倾听有关任务定性或定量的字眼，包括时间点、质量标准、具体数量、相关地点及责任部门等，这些字眼透露出任务的主要信息，同时也显示出管理者的兴趣和情绪。

华为员工还会在倾听过程中抱持同理心，即站在管理者的立场来理解他所说的话。华为员工通过察言观色，时刻观察对方的语调、表情、姿势是否与任务安排内容保持一致，已知信息和已知时间之间存在什么样的关联等，以此全面掌握对方的意图。

为了避免错误地理解对方的真实意图，华为员工会通过积极沟通进行确认。另外，他们会根据对方的回应，更深入、更准确地理解任务的内容和诉求方向。

通过准备、倾听、确认这三个基本步骤，华为员工基本上能够正确地理解管理者、同事及客户的信息，从而确保自己的努力保持正确的方向。这也避免了因为理解偏差迫使工作中断或在中途再去打扰对方的情况发生。

通过前面的内容，我们已经掌握了倾听工作任务的基本步骤。不过，倾听不仅仅是一门技术更是一门艺术，要求我们关注一些细节才能真正做到正确地理解对方的真实意图。

倾听过程中，我们可能会受到各种外部因素和内部因素的干扰。例如，对方正在非常投入地交代信息时，你的手机突然响了，对方不得不停下来。

类似的情况不仅会打断沟通的流畅性，让我们在无意中遗漏一些重要的信息，对方也会因此而对我们产生反感，随便交代几句后就草草了事。如果这样，我们就不能准确地理解对方的真实意图。

在倾听之前，我们应排除一切可能影响接受指令的干扰因素（如电话、不良情绪、不好的形象等）。这样既能够表达我们对对方的尊重，也可以营造一个良好的沟通环境，让对方有条理地表达所有信息。

在倾听过程中，我们不能随意打断对方，这是一种十分没有礼貌的行为，说话者可能会因此被误解，忘记后面要说的话，这是倾听的禁区，请勿进入。

最关键的是，即使我们已经理解了对方的意图，也不能忽视与对方达成共识。你可以说：“所以，你的意思是说……吗？”当得到对方确认后，双方就达成了共识。之后，你只要确保按照自己理解的意图按部就班地执行任务就行了。

及时反馈，让沟通更顺畅

沟通不仅仅是倾听别人的意见和想法，还应该针对对方的想法做出反馈，这才是一个完整的沟通过程。如果管理者反馈不及时或者不反馈，会让员工错误地理解管理者的意图，也会扼杀掉他们向上级倾诉的欲望，从而降低团队协作能力和工作积极性。这样，团队成员很容易各自为政、“各人自扫门前雪”，严重削弱团队的竞争力。虽然给下属反馈对于团队管理来说已经越来越重要，很多企业管理者也开始重视这个问题，但它还是极易被管理者所忽视。曾有人专门做了一项社会调查，结果表明，仅有47%的员工“至少每隔一周才能得到一次反馈”。

在华为，有着明确的汇报规定，尤其是在汇报时间上，重要的事情要立即汇报，一般的事情，华为人会在当天工作结束前向上级汇报。

2012年《华为人》报发表了一篇名为《员工的不解和主管的告白》的文章，讲述了当时华为存在的汇报沟通问题。员工认为，主管分配工作任务不考虑难度，只要结果，也不在过程中给予指导，这让他们感到不解。而主管则告白说：“结果导向是工作的原则，并无不妥；至于过程指导对保证结果的重要性我们当然明白，但对综合性的部门主管人员而言，很难做到面面俱到，不少业务他们也不是非常熟悉，很难给出专业性的指导。另一方面，现在跨部门项目多，作为主管来说，还需要更多的时间了解和掌握新业务。”文章进一步指出：一方面，主管的这种管理方式确实有问题，应当改进；另一方面，建议员工在工作过程中多与主管沟通和交流。

这篇文章指出了职场中普遍存在的一个现象：员工总是抱怨工作无法展开，或得不到帮助。其实，通过这篇文章我们可以发现，员工要具备向上管理的能力，即主动向领导反馈，以获得帮助和指导。

同时，管理者要对团队员工的话语及表现做出及时的反馈，让员工在第一时间了解到自己的表现，避免埋头苦干却得不到理想的工作效果。最后，企业不会惩罚员工，员工也不会埋怨管理者，保证了团队的和谐氛围。

日本松下电器公司的总裁松下幸之助有一次要招待一位客人，选择在一家西餐厅吃牛排。同去的几个人把牛排都吃完了，松下却还有一半没有吃完。松下担心烹调牛排的主厨看到只吃了一半的牛排被送回厨房，误以为自己的牛排做得不好，就让助手把主厨请到跟前，面带愧疚地对他说："你的牛排真的很不错，不过我已经80岁了，胃口大不如前，实在吃不完才剩下了一半。这并非你的厨艺不好，希望你不要介意。我很担心当你看到只吃了一半的牛排被送回厨房时会难过，所以就想当面和你说，你烧的牛排真的很棒，谢谢了！"

主厨看到大名鼎鼎的松下电器公司总裁如此体贴自己、平易近人，非常感动。同去的几人也被松下先生的人格魅力所吸引，情不自禁地鼓起掌来。

一个了解自己士兵的将军才能带领军队打胜仗；同样，一个了解自己员工的管理者才能带领好整个团队。如果松下幸之助没有及时反馈的意识，就会让下属产生误解，为自己的劳动成果没有得到认可而难过，从而失去以往的工作热情和信心。幸运的是，松下幸之助了解自己的"士兵"，因此，他带领自己的团队取得了非凡的成就，最后还获得了"经营之神"的称号。

在华为，许多部门的领导都管理着大批员工。作为管理者，如果不能及时地给予员工反馈，员工就不能准确地掌握管理者的意图，他们会各自为政，与目标渐行渐远。积极的反馈能够让员工从困境中解脱出来，让他们知晓自己对于管理者和团队是有价值的，这样既能够激发团队成员的工作积极性，也能够营造出积极向上的团队气氛。

黄杰（化名）是华为的一名项目经理，在刚接手项目经理的工作不久，就感觉小组成员有些变化，平时工作积极性很高的两个人，积极性突然减退。黄杰找到项目主管一问，原来是因为计划下个季度要启动的一个新项目被停止了，大家都感到很失望，也很迷茫。

原来，大家是由于项目处于缓冲期，一下子找不到方向了。黄杰知道问题出在自己身上。于是，黄杰立即召集大家，并向大家解释道："计划的项目之所以停止，是公司根据市场调整另有考虑决定的。现在，我们的首要工作是加强后端关注，解决生产发货问题。”于是，黄杰安排项目组成员到后端学习，让他们有事可做。等到了一个陌生的环境要学习新知识的时候，项目组的成员们终于发现自己有事可忙了，以前的那股工作劲头又重新回来了。

华为的成功离不开科学的团队管理理念。每当项目的开展到了缓冲期，管理者都能够准确地找到着力点，通过与员工及时地沟通反馈，用团队的力量，克服重重困难。可见，在团队管理中，反馈的作用是不可估量的。在1998年的管理要点中，任正非就强调：高级管理干部要实行“走动管理”。

任正非认为，管理者不能只坐在宽敞明亮、位置最好的办公室里天天听汇报，而是要“走动”起来，主动与员工沟通和反馈，了解员工的想法，让员工能够对目标做出正确的判断，而不是一味地远离“现场”，这样就很容易形成“冤案”。

别忘记做好汇报工作

一些职场老手总结出这样一条经验：在职场中，重要的不是你做了什么，而是让领导知道你做了什么。作为职场中人，要特别注意的是，即便是一个简单的工作，也要做到有始有终，让领导知道结果。如果遇到比较复杂任务，更是要让领导能够把握整个执行过程。很多人在工作中遇到问题都愿意自行解决，不向上级汇报，结果越忙越乱，甚至一发不可收拾。

华为产品工程师老赵在一次产品元件开发中，遇到了很多问题，这些问题对后续开发影响较大。老赵为了解决问题，熬了三天三夜，每天都忙到凌晨一两点，但最终也没找到问题点。老赵原本想找上级领导沟通一下，可上级只是一个新上岗的80后，比他儿子大不了几岁，碍于面子，老赵迟迟没有找他沟通。

周例会上，领导询问项目进展状况。没想到，老赵面临的那个问题成了阻碍产品发布的关键因素。领导问他是否有思路，花了多长时间解决等，老赵如实回答，受到了领导的批评。领导批评他不及时汇报，不向其他同事请教。会后，老赵找了一位年轻的工程师与其沟通，问题一下子就得到了解决。

如何避免类似的事情再次发生？华为员工的经验是：做好工作汇报，及时地将自己的想法和工作情况反馈给领导。通过工作汇报，领导能够及时了解员工的工作进度，提高工作的执行效率；同时，领导可以从工作汇报中发现员工的优点、指出员工的缺点，从而促使员工不断地进步。

华为员工就经常写工作总结、心得并汇报给上级领导，而且确实从中收获了不少好处。有华为员工在自己的报告中这样写道：

在新员工期间，要主动把自己所学习的知识讲出来，讲给你的导师、讲给老员工们、讲给你的主管、讲给其他新员工听。因为在你讲解的过程中，可以把遗漏点暴露出来，便于导师和主管在今后的工作中帮助你改善。最重要的一点就是，你的主管非常喜欢看到你做总结，而且是主动的，因为他可以比较清楚地了解你的工作状态。

我当时就是经常给别人讲，给老员工们讲我自己的看法、我自己的思考方法等，在和他们的交流中，我发现自己提升得很快。

后来，我带了三个徒弟，也经常叫他们讲给我听，一般一个星期至少讲两次。同时，叫他们定时把周总结交给我看，我帮他们改错，就这样相互提升。

显然，工作汇报不仅可以让领导了解我们的工作进度，还能够让领导帮助我们指出工作中的不足，不断地提升自己。做一个聪明的员工首先要做一个善于汇报工作的人。

汇报工作并不简单，它是非常有技巧性的。一次好的工作汇报能让领导肯定你的成绩，是你向领导展示自己能力的机会；相反，工作汇报不到位或汇报不及时不仅浪费时间，还会让领导怀疑你的工作成果。

那么，怎样做好工作汇报呢？

首先，要学会从领导的角度考虑问题，切忌自以为是，按照自己的意愿来汇报工作。聪明的下属总是能够从领导的角度考虑问题，他们会选择最合适的时机向领导汇报，不会影响领导的正常工作和生活。

在华为，很多管理者会在自己的办公室门上悬挂一个标志牌，表明其是否正在工作中，拒绝外界打扰。当员工想要汇报工作时，首先会考虑是否会打扰到领导的工作。如果机会不合适，员工就会另寻时机进行工作汇报。

汇报工作还要事先考虑想要达到的目的，这是一个根本性、方向性的问题，也是工作汇报的主题思想。有些下属员工之所以汇报不成功，关键就是目的性不明确，准备的汇报材料没有章法，汇报了半天领导却不知所云。

在解决汇报目的的问题上，你要分析领导听取汇报的目的，如领导为什么在这个时候听汇报，领导要听的内容和当前的工作有什么关系，等等。你要结合自身的工作情况，提前设想什么样的汇报才能得到领导的肯定，给领导留下好印象。解决了这个问题，你的汇报就成功了一半。

在汇报的内容方面，你应该根据领导关心的工作进行有针对性的汇报。领导处在管理阶层，事务繁多，时间上往往比较紧张。这就要求汇报人员要在有限的时间内做出最为有效的汇报。

因此，汇报应该抓住重点，包含三个方面的内容：一是领导最想听、最关心的内容；二是自己认为最能表现出成绩的工作；三是具有自身特点的东西。如果汇报工作是“主线”，那么这三个方面的内容则是“主干”。

向领导汇报工作必须本着认真负责的态度和实事求是的精神，一定要把工作汇报建立在事实清楚的基础上，切忌揽功推过，要让领导了解当前的真实状况。

一般来说，职场上常用的汇报方式有口头汇报、书面汇报、电话沟通等。每一种汇报方式都有它的优势和劣势，灵活运用、发挥优势，这些便利的方法都能够为我们与领导的沟通提供帮助。

口头汇报是最常见的汇报方式，是与领导的面对面沟通，但这种汇报方式很容易出现问题。在汇报的过程中，我们可以评论事情，但一定要注意言辞，否则容易与领导发生言语上的冲突，这样沟通就会失败。如果我们的汇报内容很多或者不能用言语清晰明了地表达汇报内容，不妨采取书面汇报的方式。这种“白纸黑字、凭据确凿”的汇报方式没有时间和地点的限制，可以给工作汇报带来便利。

面对面的沟通虽然高效、直接，但可能会耗费大量的时间和精力。快节奏的商业运作需要更加便捷的沟通方式，因此，电话沟通成为时下很普遍的一种汇报方式。

总之，工作汇报是一个员工工作的一部分，无论在什么样的工作岗位上，无论工龄有多长，工作汇报都是必不可少的。另外，员工要在工作中不断地总结与改进工作汇报的技巧，以便找到更加有效的汇报方式，减少时间的消耗。

第8章 精细作业

我们对待产品要像对待自己的儿子一样，把握产品生产的每一个细微环节，把好每一道关，绝不允许任何一个环节出现差错或失误。只有这样，客户才会信任我们。

任正非

工作也需要一种美

很多人在凌乱不堪的工作环境中感叹自己工作效率低、出错率高，可是他们并没有意识到，乱七八糟的工作环境正是偷走他们效率与成果的“小偷”；而那些对物品的摆放位置一清二楚的人，就不用耗费大量的时间，他们的工作效率自然高出很多。

简洁有序的工作环境不是与我们争抢时间的敌人，而是帮助我们节省查找时间、带来灵感与高效率的好帮手。如果你看过医生出诊箱里面的样子，你就明白这一点了。

医生总是把出诊箱整理得非常整齐。因为医生在出诊时，如果病人的性命危在旦夕，而医生一会儿找这个，一会儿找那个，肯定会忙中出错；相反，如果医生在出诊前就把出诊箱整理得非常有秩序，那么他就能做到忙而不乱，及时拯救病人于危难之中。

所以，工作也需要一种美，这种美指的是秩序美。实际上，工作效率低下不全是由于个人的能力不足造成的，我们没有创造出简洁有序的工作环境也是很重要的原因。要想创造好的工作环境，自然要从办公区域开始。可是，说到整理办公区域，许多人会不屑一顾地说：“这还不容易吗？”或者认为，“桌子整齐了我就没有灵感了”。实际上，灵感与整洁的办公桌不但不是对立的敌人，相反，通过保持整洁的办公环境，进而创造出简洁的工作秩序，还会带给你灵感与高效率。

在IT业，华为员工的工作效率高几乎是公认的。而与华为员工合作过的人可能会发现：高效的华为人具有一个共同的特点，就是即使在最繁忙时，他们的办公空间里依旧井然有序，所需物品伸手可得。有序的办公空间，使他们的工作更有效率。

那么，他们是如何布置办公空间的呢？

华为员工首先会了解自己能够分配使用的私人办公空间有多大，以及其中包括了什么设备。以功能为基准，他们将办公空间划分为计算机作业区、收纳储藏区及文书处理区三个区域。

计算机作业区主要放置计算机的显示器、鼠标、键盘等。如果选用的是液晶显示屏或者笔记本电脑则更加节省空间。

收纳储藏区用来放置图书、资料和文件等暂时不用的物品。通常情况下，这个空间通过文件柜、书架等工具加以划分，如果空间较小，便将储藏收纳空间纵向发展，使物品安全地叠放起来。

华为员工还会专门设立文书处理区，使自己摆脱计算机的干扰，静心处理文件、研究资料及开展讨论会等。

另外，前面我们说到处理工作时要分清轻重缓急，而这种轻重缓急的等级同样反映到了华为人对于各个小办公区域的布置中。

开始工作之前，他们会做好日常工作计划，预估各个工作事项的耗时及完成时间等相关参数，然后对照计划表找到相应的资料与用具，确保所需资料、用具均已备齐。

接下来，华为员工会根据需要用到的物品的缓急程度，依次摆放。将较为常用的资料、用具放在最容易取得的位置；将使用频率一般的资料、用具放在稍远的位置；将已经使用完的资料、用具放在不容易干扰自己的角落里，待工作处理告一段落后将之整理、归档。

通过这些细节的处理，华为员工就能够创造出简洁有序的工作环境，而工作效率自然也能够得到提升。

1999年，为了便于研发信息交流，华为内部开始使用PDM（产品数据管理）软件，这套软件可以帮助研发人员有效利用在研发设计过程中产生的电子文档。

华为员工很重视对文档的管理，不仅关注信息安全问题，而且关心信息的有效利用，包括信息查找、共享等。华为希望通过具有条理性的文档管理方式，让员工们迅速地找到所需，绝不因文档凌乱、难以查找而耽误时间。

新旧文档的管理关系着工作效率的高低。那么，华为人是如何做好新旧文档管理的呢？华为人做到新旧文档管理的方法只有两步：一是整理；二是清理。

对于文档的整理，华为员工会制作一个文件检索表，将所有文档的名称、内容组成等信息罗列出来，使查阅者一目了然，文档查找起来更快捷。

华为员工会定期清理自己的文档，并将文档分为立即废弃、定期废弃和永久保存这3个时间档，然后分别处理。

例如，会议通知、资料和一般性的参考文档属于使用过后就应立即废弃的文档。如果不确定日后是否还会用到，华为员工就将之放置于固定抽屉或文件夹中，以一个月为周期，到期再次检视文档是否有用，如果确定无用，就果断地处理掉。工作标准、指导书和技术性资料会留存一段时间后再予以废弃。对于重要的质量记录资料及特殊的财务资料等不能废弃的文档，华为员工会长期甚至永久保存。

值得注意的是，对于一些有重要信息的废弃文档，我们绝不能随手扔进纸篓，而应用碎纸机进行粉碎后再行丢弃，以免造成企业机密外泄。对于可以永久删除的电子文档也不能直接予以删除或简单地将之拖入回收站，而应该用专业的软件对文档进行彻底粉碎清除。

在例行工作中持续进步

任正非说过，每一个人、每一件工作都有基本功，要员工把“做实”紧紧抓住不放，否则大好“形势”就浪费了。因此，任何事情只有脚踏实地地按照要求去做、按照流程去做，才能达到预期的目标，“取巧”反而会与目标渐行渐远，甚至背道而驰。在华为，任正非经常教导员工：“科学是老老实实的学问，要有思想上艰苦奋斗的工作作风，要有坚定不移的精益工作目标，要有跟随社会进步与市场需求的灵活机动的战略战术。做实不是没有目标、没有跟踪、没有创新，但没有做实就什么也没有。”

任正非认为，每个人都要有务实精神，要脚踏实地地把自己的工作做好。特别是没有任何工作经验的新员工，更是要先把自己的本职工作做好，不要老是想做出一番成就。

工作不踏实往往会造成很严重的后果，一个不起眼的插头、一条连接线、一个被人忽视的数据，都可能导致公司的产品被报废，从而影响整个公司的形象。因此，任正非希望员工不要眼高手低，要做一个踏踏实实、在本职工作中有所作为的人。

2012年8月，吕广锋入职华为。在2013年参与某产品新版本的发行工作时，吕广锋发现软件生成后无法正常运行，直到晚上10点，大家还在定位修改代码。吕广锋沮丧地说："今天又要弄到凌晨2点了。"他问自己："难道不能让平台编译快速、高效一点吗？"

想到这里，他立即动手改善，最终将构建时间从90分钟下降到50分钟。吕广锋有些沾沾自喜，但很快又给自己提出了更高的要求。经过一次又一次的尝试，他却没有找到更好的提速方法。吕广锋并未罢手，改善的念想一直留在他的心底。一次，他在无意中获得了灵感，通过与各产品构建接口人交流优化点，将构建时间从50分钟下降到30分钟，速度比一年前缩短了2/3。

"就到这里了吗？"吕广锋反思道。2014年，公司推出了加速服务器，但对吕广锋所在部门的工程加速效果却不明显。他开始寻找开源的加速解决方案。功夫不负有心人，他寻找到一款工具，部署后构建速度可降至4分钟，但速度不稳定。吕广锋翻阅国内外相关论文，并对工具进行了二次开发，最终解决了加速速度不稳定的问题。

能既高效又省钱吗？吕广锋刚完成改善后又对自己提出了新的要求。他随即开启了新的探索模式。一天，他发现一个工程加速契机，便开始进行开发。在编写了2000多行脚本后，他最终将整个工程加速时间下降为4分钟，既提升了效率又降低了成本。吕广锋也因此获得了部门授予的"金网络"奖。2015年，吕广锋又创新性地解决了平台构建中间件体积巨大的难题，使平台构建时间降至1. 5分钟。

吕广锋在工作中不忘初心、不断改进，追求着工作的极致。就像任正非说的那样，工作就像在给一条铁轨上的一段枕木钉道钉，要有务实精神，自己才能得到成长，公司也才能够发展起来。微软公司的分工比华为更细，还得做频带更窄、更细的工作，简直就是0、1、0、1、0、1地累加下去，虽然这样的工作看上去更加机械化，但却彰显出微软公司的专业化水平。

脚踏实地是成功的重要品质，就像日本人一样，踏实是他们的优点，也是这个国家能够拥有众多世界500强企业的重要原因。同日本员工相比，中国员工也有同样聪明的头脑，甚至更加强壮的体魄，可是我们没有丰田、没有索尼，也没有松下。我们缺少的是像日本人那种脚踏实地、一步一步地实现目标的务实精神。

在日本企业里，员工会把大大小小的事情做成规范的图表，甚至同一件事情会做好几张不同的图表。工作时，他们会严格按照图表中的工作流程进行，并且一直坚持下去。此外，日本企业的员工每隔一段时间就会列出一套工作计划方案，里面记载了详细的工作安排。员工在工作过程中每完成一项，就会勾掉一项，直到完成整个工作为止。

日本员工的这种做法让很多人感到疑惑不解，他们认为日本人的工作方式完全就是在浪费时间和人力。可是，去日本企业参观过的任正非和华为人就不会这么认为，他们甚至被日本员工踏实、认真的工作作风所震撼，并受到感染。任正非告诫华为的员工："您什么都想会、什么都想做，就意味着什么都不精通，做任何一件事对您都是一个学习和提高的机会，都不是多余的。努力钻进去，兴趣自然在。我们要造就一批业勤于精、行成于思，有真正动手能力、管理能力的干部。机会偏爱踏踏实实的工作者。"

如何把工作做好呢？在华为工作10多年的华为人曾做出过精彩的总结。

新人都要被安排做相对枯燥的例行工作，但只重复性地完成例行工作是不行的。必须要在例行工作中熟能生巧、提高效率，才能挤出时间来解决例行工作以外的问题，那些工作通常是比较有趣的，还能提升自己的能力。做事必须主动、全力以赴，同时不要局限于本职工作。在做每一件事情时，都要尽力一次就把事情做好，超出领导的想象，即使为此加班也是值得的；如果让领导反复修改几次才过关，也许你最后付出的时间和精力是一样的，但给领导的印象分绝对差很多，绩效评价也不会很高。如果努力了还不能一次做好，说明自己的能力与别人有差距，就要有自知之明，懂得自我充电，努力学习提高能力。别学那些工作中用不上的东西，要把有限的时间用于学习有助于改进工作和生活的东西，并做到学以致用。

如今，华为人已经将踏实工作的理念深深地刻在心里，并渗透在工作的方方面面。拿华为的销售人员来说，即使客户说一件小事，他们也会立刻写下来；如果在电话里客户询问技术环节，在自己无法解答清楚的情况下，他们会马上打电话找技术人员解释；如果在电话里说不清楚，他们会立刻找个专家来现场解答，另外附带一份有详细说明的资料。就这样，华为的产品逐渐得到客户的认可，华为公司更是成为客户信任的企业。

用细节展示华为人的用心

西方一直流传着一个民谣："丢失一个钉子，坏了一只马蹄铁；坏了一只马蹄铁，折了一匹战马；折了一匹战马，伤了一位骑士；伤了一位骑士，输了一场战斗；输了一场战斗，亡了一个帝国。"

这个民谣讲述的是1485年理查三世在一次关键战役中因为坐骑的一只马掌少了一个铁钉而失蹄，最终战败成为俘虏的故事。显然，小事也关乎成败。

"细节决定成败"，任正非说："我们对待产品要像对待自己的儿子一样，把握产品生产的每一个细微环节，把好每一道关，绝不允许任何一个环节出现差错或失误。只有这样，客户才会信任我们。"

2009年，在微波技术的故乡——米兰，华为的微波产品正在经历关键时刻：微波产品在B运营商处测试成功后，正式进入A运营商的摸底测试阶段，只有通过摸底测试，才能进入准入测试。因为华为与A运营商签订的几千万美元的合同只有在进入准入阶段后才能正式生效，所以，对于华为项目组来说，这一次的测试工作不容有误。

在所有测试人员中，负责某功能测试工作的是一位有着20多年微波经验的老专家，他对设备测试要求非常苛刻，甚至对每条网管通告都要仔细观察。在验证工作正式开始以后，老专家不允许其他人动设备。大家只能看着他测试，他每动手一次，华为人就会紧张一次。

"意外"还是发生了，业务出现了一次短暂的停顿，很多人没有发现，但老专家却发现了。其实，那次停顿仅仅只有几十毫秒。可是，在发现这个问题后，老专家果断地停止了测试，并向相关人员讨个"说法"。大家马上一边跟老专家解释，一边跟成都方面通报情况，分析结果发现是芯片问题。最后得知，提供该芯片的供应商可以采用补丁的方式解决这个问题，所以问题不大，华为人这才松了一口气。老专家重新开始测试，直到下午才完成整个测试工作，而旁边的华为人也算是度过了惊心动魄的一天。

成功和失败往往只有一步之遥，它们唯一的区别就在于对细节的管理上。老专家连小到几十毫秒的停顿都能够注意到，所以他才会如此德高望重。

很多世界500强企业都是从细节做起的。曾有华为员工到诺基亚公司交接平台的试制基地进行参观，发现了这样一个小小的细节：

该基地厂房的各块之间有门相通，而且门一般都是关着的。不过奇怪的是，在距每一扇门约2米处都有一根从天花板上垂下来的绳子。需要开门的时候，员工要先拉一下绳子，门才会自动打开。一开始，华为的员工有点疑惑不解。按照常理，这根绳子应该被放在门边的墙壁上，挂在离门2米处显得既不美观，似乎也没有实用价值。

这时候，正好有一个诺基亚员工推着一辆车子经过，华为的这位员工才恍然大悟：当员工推着车子到门前的时候，绳子正好伸手可及。如果将绳子安放在门边的墙上，那么推车子的人必须先走到墙边去拉绳子，然后再回来推车子，这样就会浪费很多时间。

如今，华为也成功地加入世界500强企业的队伍，同诺基亚员工相比，在细节问题的处理上，华为人也毫不示弱。华为内部就曾发生过这样一个小插曲：

华为人在交换机配线过程中，有很多细致的规定。例如，一定要把彩色线扎在外面，并且不能交叉。对此，很多外人感到疑惑：“线扎得再好，机门一关，不是什么都看不到了吗？”华为人对这种细节却有着自己的想法，他们认为，满箱凌乱的电线和整齐漂亮的电线会给人不同的感觉。“如果我们能够把细节做好，给客户耳目一新的感觉，客户就会给我们公司产品的质量和服务更高的评价。”

从这个小故事中不难看出华为人的务实精神，他们深刻体会到细节的重要性，因此在工作中能够做到从细节做起，一点一滴地将工作做好。

对于华为人“天下大事，必作于细”的工作态度，《华为真相》的作者程东升就有切身的体会，他在自己的文章中有过详细的描述：

2000年3月，华为成立了资料开发部，专门整理、编制各种技术资料。为提高技术手册的质量，资料开发部总编办组织了一次归档资料突击测试。结果，一本125页的技术手册，在没有全部检测完毕时，就发现了163处文字、数字不规范，甚至是明显错误的地方。比如，“登录服务器”写成了“登陆服务器”。在另一页上，赫然印刷着“机房要能密封，直径大于5mm的灰尘浓度$\leqslant 3\times10^4 mg/m^3$”，实际上，直径大于5mm已经是颗粒很大的沙子，不能称之为灰尘了，这种环境的机房是不可能放置交换机等设备的。原来“5mm（毫米）”应为“5μm（微米）”，真可谓“失之毫厘，谬以千里”。华为人认识到了细节的重要性，并一丝不苟地落实，终于把资料的错误率降低至合理的范围内。

为了让“天下大事，必作于细”的思想深入人心，华为多次组织学习活动，让一些老专家或资历较深的干部对员工开展思想教育工作。

不注意细节的行为，往往会成为失败的祸根，也是一个人从平庸到杰出的天堑。

只做一件事，做好一件事

任正非认为一次只做好一件事，就是了不起。被称为“华为铜线领域技术领航人”“美国亚裔杰出工程师”的龙国柱，他的成功除了专业能力，也来自他一心一意做好一件事的毅力。

2015年11月，龙国柱博士在华为国际会议中心与100多名一线工程师分享了他的经历。谈起往事，龙国柱平静地说：“当时‘搞有线电’，就是在东北的深山老林，爬电线杆、架电话线。从此我和铜线结了缘，爬了10年电线杆。”

后来，他回到清华大学继续完成学业，并赴美深造，一直从事铜线宽带接入工作。

他在会议上感慨道：“居然一辈子，就做了这么‘一条线’。”很多人不解，在光纤大范围普及的今天，他是怎么坚守住铜线领域的。龙国柱说：“在有线宽带接入上探索了一生，有成就，也有质疑。实际上，我很庆幸自己一直在做这个。这几十年来，铜线接入从当年的几百bit/s已经提升到上百Mbit/s，而且很快要达到Gbit/s，为几亿人提供了便捷又便宜的宽带接入服务，我为我能从事这一工作感到自豪。”

龙国柱坚守铜线领域，让他成为该领域的专家，为国家网络发展做出了重大贡献。他的这种精神也是任正非所钦佩的。

任正非曾多次到丰田公司观察学习，回来之后就在华为内部讲话中强调：“要让地头力[1]成就华为！”而地头力的全部意义在于：做好一件事，坚持做好一件事。

任正非强调“做好一件事”实际上就是指单一事件工作法。

纽约中央车站问讯处可能是世界上最繁忙的问询处之一，旅客都争先恐后地挤到窗前询问自己的问题。

一个矮胖的妇人焦急地向前探着头，以便离窗口近点儿，让服务人员听见她的声音。这位服务人员集中精神，眼睛一动不动地看着这位妇人问道：“您要去哪里？”

这时，有个穿着入时的贵妇试图插话进来，但是这位服务人员旁若无人，继续与那位矮胖妇人对话。妇人回答：“春田。”务人员再次确认：“是俄亥俄州的春田吗？”妇人答：“不，是马萨诸塞州的春田。”服务人员立即回答道：“那班车15分钟之内开车，在15号站台，您不用紧张，时间还够用。”这位妇人又确认了一遍，才转身离开。

随后，这位服务人员马上将注意力转移到下一位乘客身上，又是寥寥数语，这位乘客也满意地离开了。后来，有人请教那位服务人员是如何保持冷静的。他这样回答：“我并没有和很多人打交道，我一次只服务一位乘客，

1. 地头力是指不依赖头脑中既有智识，从零开始思考的能力。

这没有什么可紧张的。”

管理学专家艾维·利认为，如果这种“一次只做一件事”的方法都不能将工作全部完成，那么其他方法大概也没有多大效用。后来，他的这个建议逐步演变成了一种高效工作方法——单一事件工作法。

基于这个道理，管理学家建议人们在工作日中应该避免不必要的工作转换，进一步说，就是尽可能把一件事情做好、做透、做到位，然后再考虑下一件事。

从心理学的角度来讲，当一个人了结了一件事情时，往往会有一种解脱感和满足感，甚至会有一种成就感。这是一种良好的心理状态，也是保证另一件事做好的必要前提。

因此，当华为员工开始追求表现，不甘心在同一件事情上苦苦磨炼时，任正非说了这样一番话：“希望您丢掉速成的幻想，学习日本人踏踏实实、德国人一丝不苟的敬业精神。真正能把某一项技术练精通就是十分难得的。您想提高效益、待遇，只有把精力集中在一个有限的工作面上，不然就难以熟能生巧。您什么都想会、什么都想做，就意味着什么都不精通，任何一件事对您都是做初工。”

在任正非的鼓励和培训师的指导下，大多数华为员工逐渐养成了专注工作的良好习惯，并且逐步提升着自己的工作技巧。华为员工的第一个技巧是将一组相似的任务“捆绑”在一起处理，这样能够降低依次处理任务时所耗费的时间。

在华为，如果必须拨打10个或20个电话，或分发多份报告，那么华为人会把这些问题集中起来。每当处理其中一项任务时，他都会有所进步，因而在下次完成该任务时他会做得更快、更好。这样就能够将完成每项任务所需要的时间减少20%。

华为员工的第二个技巧就是“钓大鱼”。华为员工认为，即使抓到1000条小鱼，自己所拥有的也不过是满满一桶鱼；而如果抓住一条鲸鱼，那么在这一单位时间里所创造的价值就截然不同了。

华为深谙此中深意。因此，在处理工作时，他们必然先确定鱼的大小，尽力确定哪些工作可能是鲸鱼，然后为捕获鲸鱼拟定周密的计划，这种钓大鱼的直接体现就是按“优先等级分类清单”开展工作，我们将在下一章对其进行详细说明。

华为员工的第三个技巧就是预留足够的时间，确保每件事情都有足够的时间去完成。华为的培训师指出：“为自己预留出30%的时间来完成工作，你才能为意料之外的困难、延迟或阻碍做好准备。”通过观察生产力较高的工人，我们会发现：他们总会为自己预留足够的时间，以保证每项任务能够按时完成。

我们都知道，专注做一件事情时的效率是最高的，可是我们总是容易将心力分散在太多的事情上。那么，有什么方法能够将精力集中在一件事情上呢？下面给出几点参考意见。

第一，我们要试着学会给自己减少干扰。有些人在工作中的注意力不集中，容易分散，是由于外界因素引起的。比如，接到外来电话一聊就是10分钟，这不仅占用了我们大量的工作时间，还分散了工作注意力。因此，对于这类干扰事件要快速处理，绝不能让它影响到我们的工作。

第二，我们要培养自己的专注力。专注力是人对一定事物指向和集中的能力，它在活动中起着主要作用。培养自己的专注力，就能约束自己、克制自己在做事时不会心猿意马。

第三，我们可以给自己定个目标，达到目标就给自己一定的奖励，激励自己高效工作；还可以将目标明确化、形象化，以便提高注意力。

第四，我们要养成在规定的时间完成任务的习惯。如果做一件事有时间限制，就会使自己产生紧迫感，不敢松懈下来，从而能够集中精力、专心地去做事。如果一味拖拉，很容易半途而废，或是做一件事时，心里却总想着另外一件事，这些都会影响工作的质量。

总之，我们必须静下心来，心无旁骛，一心一意地把当前的工作做完、做好。倘若好高骛远、见异思迁、心浮气躁，什么都想抓，最终会像狗熊掰玉米，掰一个，丢一个，到头来两手空空，一无所获。

我们要克服并改正以往的不良习惯，哪怕这是一个异常艰苦的过程。只要我们养成了“只做一件事，做好一件事”的习惯，我们也能够成为一个高效的执行者。这样一来，我们自然能够得到领导的青睐。

严谨认真，彻底解决问题

在华为人看来，发现问题就要提出来，他们不能忍受“将就”的工作行为，更不会对问题坐视不管。面对问题，无论大小，华为人都会立即去解决，绝不留任何隐患。

2008年7月，KDDI（日本的一家电信运营商）对华为公司的生产现场进行审核。福田是KDDI审核的主审员，他随身携带着几件“法宝”：手电筒、放大镜、照相机和白手套。日本人的严谨世界闻名，在检查中，福田用白手套抹设备灰尘，用放大镜查看焊点的质量，用手电筒照设备和料箱里的灰尘，用照相机拍摄实物图片。

在审核中，福田说ESD（静电防护）这么做不好，要求按照KDDI的标准执行；福田又说单板上的焊点不饱满，且不够美观，要按照KDDI的标准来做。

第一次审核完毕，福田查出93个不合格项，并且说：“华为质量水平不行，而且华为的工程师太骄傲。”面对福田的93个问题，华为人先是震惊，然后发现KDDI的标准要高出业界很多。最后，公司领导认为华为要有开放的心态，要谦虚接受客户的批评。在接下来的几个月里，华为以客户KDDI标准改善现场，准备迎接第二次审核。一开始福田并不愿意来，但被华为市场部的真诚所打动。2008年12月，福田开始进行第二次审核。审核完毕后，福田列出了57个问题。但他对结果表示满意，宣布华为通过了审核，并希望华为还能继续改进。

2009年10月，KDDI与华为签订第一份合同。出于不完全信任的考虑，KDDI第三次来到华为，并派出8名专家对产品生产全过程进行为期8天的厂验。华为生产部门从员工到高层主管，全部投入到现场当中。华为的努力感动了客户。最终，KDDI提出的问题点及建议共24个，但对华为生产过程质量控制系统表示认可。

面对KDDI三次严苛的审核，华为人主动接纳客户的严苛要求，虚心接受客户的教导，高标准地完成了生产现场的改善工作。

在遇到问题时，每个人都应尽力解决，而不是发牢骚，更不是相互推诿。任正非说：“谁为谁服务的问题，一定要解决。概括来说，公司是为用户服务的，但具体来讲，下一道工序就是用户，就是您的‘上帝’。您必须认真对待每一位用户。”他意在表明，要对问题负责，从源头上就要把问题控制住，不要让问题流入下一个环节。无视问题的存在，问题就会像滚雪球一般，越滚越大。

华洋入职华为20年，从事产品数据工作已有16年。1998年，当他还是一个毛头小伙子的时候，在大会议室听了任正非的讲话，“BOM是长江的源头，源头污染了，下游不可能干净，正本清源，从BOM做起！”一番讲话让他热血沸腾，立志要做出成绩。任正非口中的BOM的确很重要，BOM上出现任何一丝“小差错”都会导致单板批量的错误和损失。一次，某单板出现错误，华洋从源头调查原因，并在内部发表了一篇文章，文章引起了领导的重视。BOM中心主管召开会议，讨论对策，最后认定华洋的文章揭示的是一个普遍现象，其目的是促进管理改进。由于暴露了别人的问题，有员工上门来“理论”，当然只是基于数据讨论。华洋和新成立的BOM中心面临着巨大的压力，然而他们又不能说什么，因为相互争吵只会让问题更加严重，重要的是如何解决问题。在他的努力下，BOM中心渡过了一个个难关，优化了一个个问题。一年后，BOM问题不再是管理短板，各方责难也平息了。

后来，华洋负责BOM准确率提升的项目。他每个月都会对所有的BOM问题反馈单进行分析，提出改进对策。3年后，BOM的准确率从原来的70%提升到99. 9%。

华洋所在的BOM中心，牵涉华为众多部门，每次面对不解和责任，他们都心平气和地把工作重心放在解决问题上。现实中，许多人经常因批评、责难、压力而满腹牢骚，进而消极工作。殊不知，这不仅是对公司的损害，更是对自己的伤害。华为人用行动告诉我们，“水”再深，也要摆正自己的心态，主动寻找问题解决方案。

华为著名的架构师刘东，在做业务运营中心项目交付时，就如何架构产品有着自己的看法。有人建议按创建、操作、转换的维度来架构产品，但刘东觉得这没有从第一视角出发，即没能站在客户的角度去考虑问题。简单地说，就是客户需求什么，就制造什么。刘东说，站在华为的角度建设网络，然后再移交给客户运营，很难与客户产生共鸣。因而，他主张按客户的实际运营和运维业务流程来进行架构，并帮助客户优化流程。最终，项目组采纳了刘东的建议，在客户业务运营中心项目交付中，连续3年获得好评。

刘东主动思考，找到了解决问题的关键，也就是抓住了事物的本质，赢得了客户的认可。

当我们面对一项困难的工作时，我们是埋头苦干还是先认真地思考做好这件事的方法，从而发现某些更有价值的工作策略呢？一个重要的现实问题是：任何一项工作的顺利完成、个人的任何成长都需要不断地积累判断力和决策力，由此找到解决工作问题的经验和方法。

琐碎的事情集中处理

我们在工作中经常会存在这样的困扰：因为解决过多的琐碎事务而浪费大量的时间，为了解决不得不处理的琐碎事务导致重要工作未能按时完成。

那么，对于琐碎的多数事务，聪明的员工又是如何处理的呢？

这个问题与一个快递员要将从全国各地邮寄来的包裹送至同一座办公大厦类似。聪明的快递员不会来一件送一件，而是把这些邮件集中起来，统一送达。只有这样合理利用时间，办事效率才会提高。

面对工作中的琐碎事务，我们也要学会集中处理。

一家咨询公司将人们在飞机中工作的效率与在普通办公室里工作的效率进行对比。结果发现，在飞机上1小时不中断的工作成果相当于正常工作环境下3小时的工作成果。

这是为什么呢？我们可以用学习曲线法则来解释这种现象。学习曲线法则是指在一个合理的时间段内，连续重复同一类型的工作，工作效率会按照一定的比例实现递增，从而使执行工作任务所消耗的时间呈现出一条向下的曲线。

学习曲线法则告诉我们，在工作中应该尽可能集中处理性质相同的事务性工作。例如，一次性打完所有的电话、一次性购齐所需的办公用品等。

这样不仅有利于提高工作的熟练程度，而且还可以减少工作准备和中间环节占用的时间。

在华为管理培训中通过对琐碎事务分散处理和批量处理两种不同处理方式的比较，证实了学习曲线法则确实有效。为此，他们还得到了华为研发人员分散与批量处理琐碎事务的分析结果（如图8-1所示）。

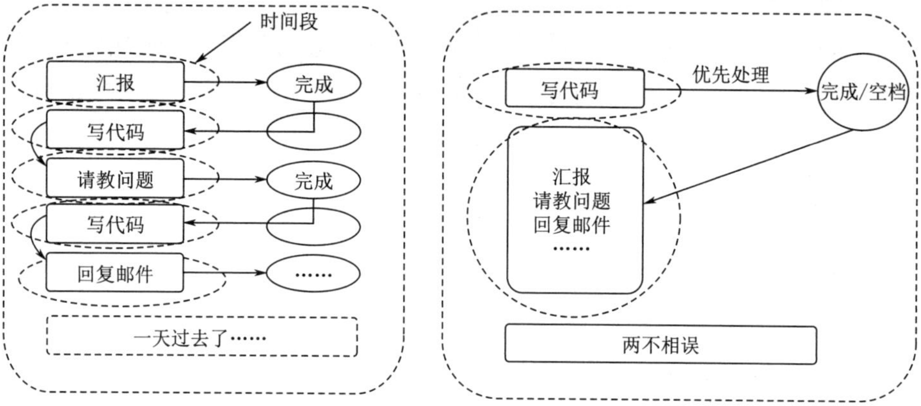

分散处理
琐碎的事情被分割成几个阶段处理，
这严重地影响了重要任务的连续性

批量处理
批量处理琐事，既保证了重要事务的
优先处理，也提高了处理琐事的效率

图 8-1　分散与批量处理说明

可见，对于琐碎的事务，我们要集中起来批量处理。这样能够为我们节约不少时间，从而实现高效工作的目的。

华为一直倡导员工批量处理琐碎事务。他们通常会遵循“80/20”法则，聚焦主业务，将其他事务归类为琐事，并集中处理，压缩处理琐事的时间。

打工女皇吴士宏曾经这样描述自己对于突发琐事的处理方式，她说：“如果该事务不是很紧急，我便不会放下手头的工作，而是将该琐碎事务记录在便条纸或自己的小本子上，一旦有空闲的时间再去集体处理。或者，有时我也会检查这些临时琐碎事务是否可以放在其他经过分类的琐碎事务之中，以便与其他琐碎事务一并处理。如此一来，执行力自然也就增强了。”

莎拉斯特说：“每个人都是自己命运的建筑师，选择什么样的工作方式，便选择了什么样的人生，或是碌碌无为，或是效率卓著，全在于一种方式。”

琐碎事务集中处理听起来容易，而实现起来却没有我们想象中那么简单。不少人都尝试“集中处理”，但多以失败告终。

口渴起身去接水，顺便洗个脸，在休息区吸烟放松下，回去工作之后不久又站了起来——内急。发现手机欠费，把买充值卡和与其他部门进行沟通的事情放在一起做，回来之后却看到电话上有主管的3个未接来电，只好再次打断工作去汇报。

这些情况在运用集中处理方法的过程中是经常出现的。为了避免此类情况的发生，我们有必要思考如何使用这一方法更好地为我们服务。首先，我们要在心理上接受琐碎性的事务。因为它既是工作本质的侧面体现，也是各种提高效率的方法论得以立足的根本。

其次，我们要清楚地划分琐碎事项。前面我们已经讲述了分清事务轻重缓急的方法，如四象限法。首先将要做的多项工作列出来，将事情填入轻、重、缓、急四个象限内，然后将琐碎的事情挑选出来，按顺序依次完成，这样就可以保证高效地完成工作。

再次，我们要提高琐事处理能力。只有提高工作能力，才能够压缩处理琐事所需的时间。比如，你在发传真时可以预先设定电话号码，直接拨号，而无须再次输入号码，这样就能够节省一定的时间。

最后，我们要建立个人工具库。这一做法现在已经很普及，就像拟订合同要有范本。但这只是一方面，另一方面我们应该有意识地将自己的知识和经验进行提炼加工，转化成随时可以拿出来运用的“工具”，以便缩短时间、提高效率。

不过，在我们处理琐碎事务时，可能有人会让你去做另一件琐碎事务。尽管如此，也不要让临时到来的琐碎事务扰乱了自己的工作节奏，那样的话，不仅手头的工作无法按时完成，还会由于任务的突然增加徒增烦躁心理。

值得注意的是，如果该事务不是很紧急，就不要放下手头的工作，否则会妨碍任务的高效执行。

提供专业的后勤保障

精细作业意味着要有良好的分工协作，对于华为来说，一些琐碎的事务——特别是行政后勤事务，有着专业化的团队提供系统的服务。

俗话说，“兵马未动粮草先行”，华为业务遍布全球，在华为投标或实施项目时，都会有专门的行政团队预先将一线人员的行程、日常起居等安排妥当，并为他们的工作提供后勤保障，以确保一线人员可以全心全意投入业务。

网络安全部秘书吴淑文，2005年1月入职华为。2008年4月，吴淑文从干部部调至功能部门。许多工作，诸如组织培训、招聘等都要从零开始，有些新调过来的同事对这方面的流程也都一知半解。还没来得及体会新工作带来的新鲜感，吴淑文就迅速投入到工作中，开始了忙碌的“拓荒”生活。她不断咨询其他文秘工作流程，查阅团队经验共享、操作指导。利用空闲时间，吴淑文编写出了一部适用于功能部门的招聘工作流程范本；同时向各接口人进行讲解说明，很快部门招聘工作便运转起来。在培训方面，吴淑文主动与领导沟通，并进行培训需求调查，拟制全年度的培训规划，并据此展开培训。在她的努力下，功能部门的日常工作局面打开了。就在几个月后，一纸调令又将吴淑文调动到区域部门。面对组织上的频繁调动，吴淑文说：“我会响应号召，到哪儿都是做事，在哪里又有什么关系呢？”

华为的行政团队主要负责华为内部日常行政事务，如接待、会议、会展、文档、车辆调配、协调、资产等方面的管理，同时负责为外派人员的生活和工作提供可靠、安全、必要的资源。

华为一线人员实现目标要满足“技术”和“日常活动”两大需求，这其实是也是所有公司都要面对的。

华为行政团队全力保障一线员工的第二项需求，以保证他们把精力放在“技术”上。这极大地保障一线员工能够安心地工作，而不受到额外的干扰。

无论是经理还是员工，精力都是有限的，如果忙于处理琐碎的事务，无疑会令本职工作质量大打折扣，降低其应创造的价值。华为为了保障一线人员能够集中精力处理事务，特别设置了秘书岗位。任正非指出："总的来说，作为秘书就是要下定决心，不顾一切地去分担管理者的压力。这个分担管理者的压力，不是说替他决策、出主意，而是要减轻他的大量事务性的重复劳动，保证他在主攻方向上投入更大力量。"

华为在与国际巨头的竞争中，还存在很大的差距，如果不想被淘汰，必须夜以继日地研发技术、追赶进度。这就要求华为的一线人员在工作时能够做到高度集中、高度投入。聘用秘书就是要让经理、开发人员、市场营销人员专心从事本职工作，做那些别人做不了的事，其他如拖地板、装订文件等工作，则尽可能让秘书来完成。

为此，华为建立了庞大的秘书体系。任正非指出："像我们公司这么庞大的秘书队伍，发达国家是养不起的，因为成本太高，美国的公司一般会提供很好的工具，要求科技人员自己做文件，下班之前务必做完。这一系列管理制度目的就是降低成本。华为公司处于中国特色的情况下，所以养得起，有这么一大群秘书。"

可以看出，华为在管理上的独到之处。在华为，秘书不是简单地端茶倒水、打字复印，不同岗位的秘书，其服务的意义也是不同的。

（1）熟练的基本功。

一个好秘书必须要对如打字、复印、操作计算机等基础工作非常熟练。华为特意从英国引入NVQ（国家职业资格体系）来规范和强化秘书工作，在内部依据不同的岗位、不同的级别和不同的层次，规定了秘书的任职资格，并将其作为考核的目标和依据。

（2）经理的助手。

作为一名秘书，理解并协助上级工作必须"善解人意"，明确上级的工作方式、方法和想法，以便及时帮助他处理职责以外的工作，减少他的工作量。

在华为，秘书通常会用90%的时间来处理琐碎事务，有分析表明，琐碎事务处理会花费一个人60%甚至更多的时间，可见秘书的重要性；另外，秘书会用剩下10%的时间来协助上级。

华为有着完善的秘书管理系统，包括培训、考核、定位、晋升等。它使秘书人员能够始终保持凝聚力，为华为一线人员的业务提供强大的支持。

第9章 过程管控

业务主管和流程责任人要承担起监管责任，对流程遵从、负责，要保障业务准确、及时和规范，出了事情就要承担责任。

任正非

自始至终地关注

华为员工的工作任务很多，而且交期都很紧张。可是，华为人几乎不会出现交期延误的情况，反而经常提前完成工作任务。

华为人在任务的过程监督上做得非常细致而周到。在项目推进中，他们会灵活运用计划表、甘特图等工具监控项目推进情况。华为人借助有效的工作进度监控工具，保证每项工作井然有序地开展，发现问题也能做到及时解决。

2013年，华为在印度尼西亚的微波订货和销售毛利下降，王享田是代表处的固网产品经理，他决定主动帮助销售人员去打开市场。王享田以科学、细致的态度投入工作，列出微波项目交付要做的总体目标、订货预测、人员安排等8件事，并制定了相应的执行措施。王享田针对销售人员解决方案能力差和工作效率低的情况，在内部组织了连续8周的“比武”，让人人都变成解决方案与内部流程的专家。针对准入的产品种类多，王享田制定了详细的进度追踪表，严格把控每个环节的时间，保证了产品能够准时进入市场。在交付过程中，针对供应复杂的情况，王享田制定并推行了本地化的微波“归一化”，统一交付版本，微波供应效率大幅提升。针对印度尼西亚当时的D客户微波市场，王享田又制定了详细的子项目运作思路表，最终帮助项目成功交付。

面对产品在交付过程中出现的问题，王享田用自己的办法一一应对，在问题出现时进行干预，让华为微波项目在2014年年底超额完成既定目标。

面对交期颇紧的项目，华为人凭借对目标执行进度的全程监控，严格控制交期进度。那么，华为人是如何做好过程控制的呢？一位工程师对该项目进度监控方法进行了总结。

首先，确定项目起止日期。根据项目网络图、交期估算、资源要求与资源共享、作业安排及主要约束条件和工作的提前、滞后说明，采用系统分析法、模拟法、资源水平法、甘特图法、项目计划管理软件等，编制项目工期计划，确定时间目标。

其次，在项目实施后，要对整个项目的工期和任务量进行专业分析，将其分成单项目，建立单项目的月、旬进度控制图表，以便对单项目的月、旬进度进行监控。

最后，由于项目实施过程中的人力、物力、技术管理方面的失误等，会给项目实现带来极大障碍，因此在实施过程中，华为人随时了解项目实际完成的进度，发现进度偏差后，及时分析该偏差对后续工作和对总工期的影响。经过分析，华为员工确认了存在进度偏差的工作任务，并立刻采取调整措施，形成新的、符合计划目标要求的进度计划。

在实施进度分析的基础上，华为员工还会挑战原来的进度计划。

华为员工会采用两种方法来调整进度计划：一种是改变某些工作任务之间的逻辑关系，即当实际进度偏差影响了总工期，在工作任务之间的逻辑关系允许改变的条件下，改变关键线路和超过计划工期的非关键线路上的有关工作任务之间的逻辑关系，以达到缩短工期的目的；另一种则是缩短某些工作任务的持续时间，即不改变工作任务之间的逻辑关系，而是缩短某些工作任务的持续时间，使作业进度加快，保证实现计划工期。

通过对目标过程的关注，华为员工确保每一项工作都在自己的掌控之中。即使工作量再大，也能够在规定的时间内完成所有的工作。为了更加理想地管控各项工作的执行情况，无论是华为员工，还是其他企业的员工，都会用到一个有效的工具——甘特图。

甘特图是在第一次世界大战期间，由亨利·L. 甘特先生发明的，它主要是以图示的方式，通过活动列表及时间刻度形象生动地表示出特定项目的持续时间与活动顺序。

比如，我们有三件工作要做，分别是整理书架、打印文件及搜集资料，三件工作的开始时间和完成时间都有明确的规定。如果不使用科学的管理工具，则很容易混淆。这个时候，甘特图就能够发挥它独特的作用了。

我们可以根据工作计划绘制出三件工作的甘特图，如图9-1所示。

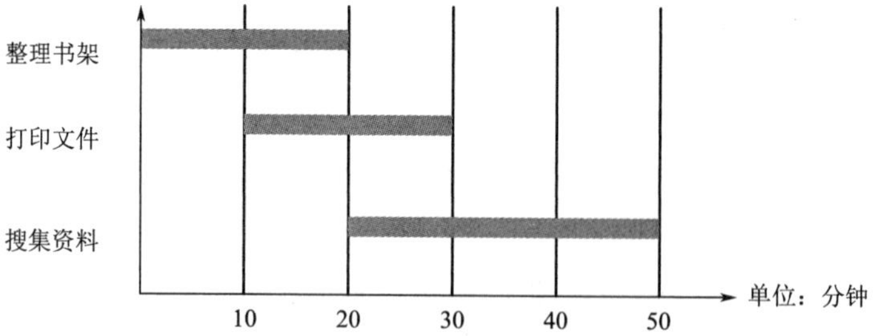

图 9-1　三件工作的甘特图

甘特图的横轴方向表示时间，纵轴方向表示工作种类。图表内以线条、数字、文字代号等，表示计划（实际）所需时间、计划（实际）进程、计划（实际）开始或结束时间等。

通过甘特图，我们随时可以知晓当前的工作进度是提前、落后还是正常，随时关注还有哪些工作要做。通过评估，最终判断当下的工作效率是否有必要做出调整，以确保能够在规定的时间内完成整个项目。

不过，在使用甘特图的时候，工作种类一般不应该超过30项，否则就会过于复杂，不易理解。

如今，甘特图这一工具被很多企业员工用来监控工作进度情况。特别是对于工作量较大的员工来说，这个工具作用更大。正是借助于这一有效的工作进度监控工具，华为才得以保证每项工作都井然有序地开展，从而保持很高的工作效率。

设计可控的阶段节点

在任务管理中，甘特图是一种可视化的阶段控制模式。其实，这种过程管理思维在现实生活中比比皆是。

1952年7月4日清晨，在美国加利福尼亚海岸以西21英里的卡塔林纳岛上，34岁的费罗伦斯·柯德威克跳入太平洋，向对面的加州海岸游去。如果费罗伦斯·柯德威克成功了，她将是第一个游过这个海峡的女子。

清晨的雾很大，海水冻得人直发麻。在海水中游了15个小时后，费罗伦斯感到自己已经筋疲力尽，在脑海中不断出现放弃的念头，最终叫人拉她上船。随行的船上，母亲和教练告诉她，她已经离岸边非常近了，并鼓励她坚持下去。

费罗伦斯朝加州海岸望了一眼，除了雾什么也看不到，她觉得母亲和教练是在鼓励自己坚持下去，而海岸实际上还很远，她放弃了努力——在离加州海岸只有半英里的地方放弃了。事后，费罗伦斯非常后悔地说道："我不是在为自己找借口，真的，如果当时我看得见陆地，也许我能坚持下来。"

费罗伦斯在胜利在望时放弃了继续游下去的信念，因为她看不到希望，在茫茫大雾中，海岸始终没有显现，在没有尽头的漫游中，毅力、决心、动力一点点地丧失了。

在日常工作中，很多人也经常会深陷与费罗伦斯一样的处境。一个项目做了好久，已感觉筋疲力尽，但离目标要求还很远。如何摆脱这种困境呢？

再次回到费罗伦斯的案例中。费罗伦斯在失败两个月后，选择了重新横渡海峡。但是这一次，她采取了一种策略：

把整个过程分成八个小阶段，并分别设置标志物。每到达一个标志物，她就会明确自己已经完成了多少，还剩下多少。这样，她不但没有出现看不到目标而产生的绝望情绪，同时每游完一个阶段，她的信心还增加了一些。最终顺利地完成了横渡海峡的壮举——不仅是第一个成功横渡海峡的女子，而且比男子的记录还快了约两个小时。

同样的目标，两次得到的结果却不同。我们从费罗伦斯两次横渡海峡中可以发现：第一次，她虽然有目标，但在目标执行中，感觉不到与目标的距离，做了多少，做得怎样……最终失去了动力；第二次，她将整个过程分成八个小阶段，每个小阶段实现起来相对容易很多，且可以知道当前完成多少，离目标还有多远。

因此，我们要学习费罗伦斯第二次横渡海峡的方法，设计一个个节点，帮助自己释放压力。这样，实现目标就容易多了。

在多数情况下，华为员工都能够轻松地完成任务，哪怕别人认为那是不可能实现的。华为人是如何做到的？答案就是，抓关键任务。

《华为人》报刊登了一则文章，文章中说道："实现目标的要素有很多，流程和节点也很多，支撑目标实现的核心在哪里，哪里就是关键的突破点，也就是关键任务。"

李雪冬加入华为7年，7年间先后参与主导了印度、南太PMO（项目管理办公室）、尼泊尔等多个海外项目的交付，具有丰富的项目交付经验，根据所参与的项目摸索出一套适合自己的最佳工作方法。

李雪冬回顾刚入职的经历，他在2009年加入华为不久后就赶赴印度参与Aircel项目的站点建设。李雪冬当时担任TK（站点土建及电力实施）经理，被紧急派往Pune（浦那市）组建交付团队。在当地生活条件极为艰苦的情况下，顺利完成交付任务。在Pune参与站点建设时，他带领团队根据以往同类项目的工作经验，梳理出关键技术路径，与团队同事共同在4个月时间内，从站点获取、设计和土建到最终的电力施工，一步步梳理出技术方案和关键控制点，最终如期交付了96个室内全TK站点。在项目进行期间，他完成本地团队招聘培训工作，引入和认证了6家新的合作商。整个团队按照李雪冬提供的团队工作方法，从计划技术方案、协调物料、后端供货到站点建成后的社区维护工作，可以说是一气呵成，并且做到了项目作业的一次性完成，没有返工情况。通过这次项目经历，整个团队对项目交付中各个环节的流程和作业规范有了更清晰的认识，李雪冬被公司评选为季度交付之星。

李雪冬梳理出项目交付的可控关键点，让执行变得顺畅起来。更重要的是，每完成一个阶段的工作，都会使李雪冬产生一种成就感，其工作压力自然也会越来越小。

此外，华为员工通过对工作任务的细分，可以掌控当下的工作进度，并最终确定是否应该调整自己的工作节奏。

王宁（化名）在华为做科研工作已有3年，对于任务分解极有经验。他说："进行技术优化前，我通常会细致地划分目标完成阶段，制定一个个易于实现的小目标。例如，每天接受多长时间的培训或学习，什么时候可以对一项技术做到大致了解，什么时候可以熟练掌握，什么时候能发现技术中存在的缺陷，什么时候能够从掌握的技术中提炼出更新、更贴近用户的技术……最后，确定总目标实现的时间。而在确定这个时间时，通常我会留10%的宽裕时间，以免因突发事件或临时任务导致目标无法按时达成。”

王宁就是通过循序渐进地实现一个个小的既定目标，最终实现总目标的。因此，针对一项看起来比较困难的任务，我们要学会将其分解出多个不同的节点，然后针对每个节点进行监督和控制。这样，我们就能够一步一步地实现目标，确保任务按时完成。

资源利用实现最优

在过程管控上，除阶段计划外，还要注重资源的调配和利用。企业的竞争力不仅体现在拥有足够的资源上，而且体现在企业利用资源来创造价值的能力上。

管理大师德鲁克非常重视资源利用在项目管理上的作用，他告诫管理者必须学会对一切资源进行管理。德鲁克说：“智力、想象力及知识等才能只是资源，资源转化为成果要靠管理者的有效工作。”在德鲁克看来，一个知识工作者如果能够凭借其职位和知识，充分发挥资源的价值，就能够实质性地提升该组织的经营能力，并创造出良好的成果。因此，作为管理者，要学会用自己的智慧调动一切可利用的资源，保证资源利用实现最优。

要做到这一点，企业首先要创造良好的硬件条件。华为项目组成员每天都在与不同的企业客户打交道，他们不得不时常考虑怎样与客户进行有效沟通，以及所研发的产品对客户的价值如何呈现等问题。为了解决这些问题，往往要做好资源调配和协同作战方案。

在华为，一个好的项目经理必然也是一位资源调配高手，能够通过快速整合外部客户资源、内部技术资源及人才团队，最终建立起基于客户导向的将流程、员工、技术相结合的项目作业模式。而在资源整合过程中，信息化的共享也成为华为人高效办公和获取他人同步支持的重要工作手段。对于华为而言，项目组不仅仅在办公室内或客户方办公，将流程、员工、技术相结合而形成的新型协作模式使得公司内各方资源得以迅速应用到需求缺口上，进而实现全天候的同步办公。在这样的工作环境下，上班路上，可以通过Outlook日历系统同步手机了解当天的行程安排；到达公司后，可以在会议室中通过高清视频会议系统与不同区域的员工、客户开会，或外出通过手机处理邮件、创建一个新的需求单、及时发回一个会议纪要，审批费用报销等；晚上回到家中，可以采用安全接入的方式进入公司内网，处理邮件和远程办公……基于全IP网络，在各种场景下实现灵活的沟通与协作手段，实现公司资源利用的最大化，这就是华为统一通信与协作在大企业领域创造的服务价值。

在硬件得到充分保证的情况下，良好的协作也能极大地提升资源利用率。

在研发工作中，来自不同部门的人员因为没有直属的行政关系，一些资源调配工作在执行中往往会拖泥带水。这时候，如果不会多方施压、多方讨巧，想做好自己的工作往往是很困难的。

正因为如此，我们才要学会管理资源，通过调节人际关系，让员工适时地求助他人，主动地向他人学习，真正实现有效的资源管理。

任正非一直认为，求助他人是没有什么不光彩的，做不好事才是不光彩的，懂得求助他人是参与群体奋斗的最好形式。

2012年到2013年年初，巴基斯坦代表处的微波交付从3000跳爆涨至1万跳，业务增长迅速。大家虽然十分开心，但压力也随之而来，由于一直以来，巴基斯坦代表处的微波交付都是手工操作的，这种模式已经持续了7年，如今却面临着严重的人手不足的问题，这让他们感到十分头疼。每天，他们有8人花2～4小时时间手工绘制安装图，若第二天站点发生变化，则要重新调整。微波成了交付最大的瓶颈，由于网络总在动态变化，手工汇总整理的数据无法确定数据源的准确性，且全流程信息相互独立，回溯难；端到端方案制作效率低，变更错位，导致错误多，返工多。客户满意度低，就连工作人员自己都对数据没把握。痛定思痛，巴基斯坦代表处决定要在拉通、集成、协同上发力，即将工程交付IT化。

说起来容易，做起来难。IT化意味着整个交付方式的改变，且系统架构复杂，工具开发工作量巨大，需要大量的人员、资金、技术储备，开发出来的系统的稳定性也无法预料。他们开始向公司多个部门求助，最终得到了华为2012实验室工具开发团队的帮助，双方一拍即合。很快，一个集项目经理、财务、IT、供应链、微波产品开发SPDT、2012实验室工具开发团队、GTS相关人员的联合开发团队建立起来。经过数个月的努力，一个集成化交付系统上线，该系统实现了多人、多区域协同作战，统一后台数据管理，大大提升了项目组、合作伙伴、客户之间的协作关系和运作效率。

此举破解了巴基斯坦代表处微波交付困局，结束了长达7年的“痛苦”。

华为巴基斯坦代表处的员工，在坚持自力更生的同时，积极谋求外来帮助，使资源充分发挥效能。

在工作中，我们也常常陷入这样的局面，也许我们本身已经足够努力，但总是无法获得较好的工作业绩。这时候，我们是否能够停下来，仔细地观察周围，确认我们是否用好了自己所能调动的一切资源？

华为早期拓展海外市场的时候，站点交付流程和物料管理不规范，更不用说分包商管理了。当时，利比亚Turnkey项目正值海外中方分包商切换，该项目又是出了名的困难。物料不齐，新进入项目组的王端军就自己到分包商的家里找，又或是到华为库房找，就是这样，把站点一个个装起来的。铁塔没法进入山区的站点，他便与客户讨论协调军方的飞机运输。慢慢地，他赢得了项目组领导的信任。6个月后，王端军被留在了利比亚代表处，并担任项目经理。

王端军在项目进展困难的时候，四处求助，寻找资源，保障了项目进度。对此，任正非说：“懂得求助他人是参与群体奋斗的最好形式。对于电信行业，我是新手，是外行，是迟到者，但我想依靠自己的勤奋、忠实苦干和公司的求助网，主动求助，善于学习，定能奋起直追，后来居上。”

信息化的时代，只有资源共享才能够充分利用有限的资源。华为实施的“求助”系统，既能够使员工圆满地完成任务，又能够充分发挥各个职能部门的作用。这样，不仅避免了各部门的重复性工作，还减少了成本支出，组织的资源也得到了充分的利用。

如今，越来越多的人愿意来到华为，并不仅仅因为华为能够提供丰厚的薪资待遇，一个更加重要的原因是，华为能够提供最优秀的技术支持、合作伙伴、指导老师及先进的开发设备。在这样一个具备优势资源的开发平台上，每个人都会尽可能地发光发亮，也更容易实现自己的梦想。

项目里程碑计划

每个人的时间和精力总是有限的，就算意识到要做好过程监督，设计好甘特图，但还是无法真正做到全程严密地监督工作执行情况。

在华为的项目管理中，有一个聪明的解决方法：里程碑计划。这是一个目标计划，它是为了达到特定的里程碑而展开的一系列活动。里程碑计划通过建立里程碑和检验各个里程碑的到达情况，控制项目进度和保证总目标的实现。

这种通过精准地控制项目中的关键环节的技巧，使得我们不必把大部分时间和精力都用在项目执行控制工作上，且项目的风险也会大大降低。

里程碑计划是基于项目展开实施的，通过了解一个项目的全貌，才能发现里程碑计划的使用技巧。我们以华为公司某项目部的一次接待客户考察项目为例进行介绍。

某国是华为公司的重要市场，华为公司在2010年9月15日中标一个50万线固网项目（后用项目代称），项目在2010年10月开始实施。在实施过程中，客户反馈出现了交货延迟和测试出错的问题。

为了改善客户关系，重建客户信息，华为项目部决定在2010年11月2日前邀请客户公司的总经理到华为公司考察。

接下来怎么办？有经验的员工肯定会想到要先确定这个项目的执行步骤，这也是使用里程碑计划的第一步。这样既可以避免盲目动手，避免在执行中反复修改的问题，又可以保证里程碑计划的可行性。

在确定步骤时，华为员工会找出完成该项目所要经过的所有环节。如果一个人想不出来，他们就会开展头脑风暴。之后，华为员工会把想到的、分析出的环节全部写在纸上，即便只是一个简单的思路。然后，他们会整理写在纸上的思路，并删减重复的、合并相似的内容。最后，用简练的语句将之描述并记录下来。

对于一个项目而言，应缜密思考其执行过程，才能确保顺利达成目标。当然，里程碑计划，顾名思义，是要对项目的重要环节进行监督，而不是对每一个环节都进行监督，否则这样的方法就没有任何意义了。

华为员工会将项目环节中资源薄弱、业务不熟练，或者是可能带来麻烦的环节作为关键步骤，这些步骤就是里程碑计划的监控对象。

确定了关键环节，就可以开始分配执行时间了。这是非常重要的一步，因为里程碑计划中的每个里程碑，都要有明确的开始和结束时间，以保证各阶段任务及总目标能够按计划完成。

由于完成项目的总时间是确定的，因此，我们应考虑如何分配各里程碑时间，而不是探讨总时长是否合理，学会向过程要时间。确定好关键步骤（里程碑）和时间后，就可以绘制里程碑计划实施图了。例如，华为项目部门编制的关于客户考察的里程碑计划实施图，如图9-2所示。

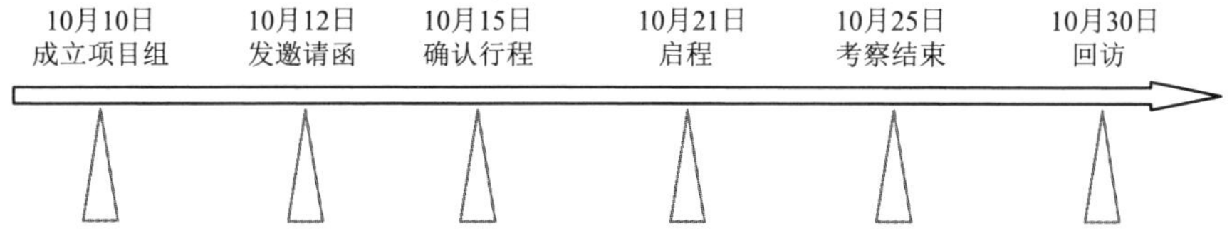

图 9-2　客户考察里程碑计划实施图

最后，华为员工只要根据里程碑计划实施图上的要求，精准控制项目中的关键环节，并做好过程监督，风险就会大大降低。

每一个关键都要监控到位

按照甘特图（图9-1）或里程碑计划实施图（图9-2）所示，管理者要在任务进行的整个过程中适时管控，对执行情况进行有效的监督和指导，确保最终的结果符合预期要求。

任正非在学习成功企业的管理经验后，要求华为管理者对每一个细节都要监控到位。

华为的项目监控可以从新产品的生产过程中看出。每一个新产品的诞生都要经历一个复杂的流程，也是一个严格的项目监控过程。首先是拟定新产品的计划，进行产品功能的初步构思以后，就要进行全面、严格的筛选，对于通过筛选的产品才能进入具体的开发阶段；在开发阶段，新产品要耗费大量的时间进行反复的实验室测试，失败的概率极高；通过测试的产品并不能马上进行量产，而是要从难、从严、从实出发，在百般挑剔中完成小批量生产；在小批量生产的产品通过测评后，还要进行中试；最后才是量产，由销售渠道进入消费者手中。

华为通过这种严格的项目监控，杜绝了不合格产品流入下一道工序，更不可能进入量产阶段。如今，华为已经成功地加入世界500强企业的队伍，这在很大程度上得益于严格的过程监控。

在丹麦运营商T项目的交付中，接网的复杂性远远超过项目组的想象。最后，项目组定义了3500多条接网计划。在交付中，全员咬牙坚持，每天都紧盯一项项任务不停向前。在2013年11月底的客户高层例会上，报告显示华为只完成了400多项任务，占整个接网计划的13%。根据合同规定，2014年3月1日为接网完成日。不到5个月的时间，还有近90%的计划未完成。

直面挑战，唯有拼搏。项目组成员每天都拉着客户和第三方厂商跟踪进展，并回顾总结每一项任务，杜绝关键点上的任何延误。2014年1月中旬，接网完成40%，距离完成期限只剩45个工作日；1月底，完成60%；2月中旬，完成90%；3月，终于按期正式接网。

接网的同时规模搬迁也开始启动。分包商以往搬迁2个站点只需要一天，但因站点复杂，在T项目中搬迁2个站点却需要一周时间。与此同时，项目组在一天之内接到5起业主投诉。面对困局，项目组迅速出台策略，对内组建攻关组增强上站支持比例，对外培训分包商与业主的沟通能力。同时，联合客户与业主进行沟通，提升业主的感知度。经过努力，搬迁工作终于在一个多月后步入正轨，搬迁成功率达到95%，项目组赢得了客户极大的尊重。

在任务实施过程中，华为人会随时了解项目实际完成的进度，发现进度偏差后，及时分析该偏差对后续工作和对总工期的影响，并及时纠正偏差。

工作严谨，一丝不苟

为了更好地保证效能，任正非要求华为管理者和员工都要发扬“工作严谨，一丝不苟”的工作态度。

任正非特别推崇日本企业的经营理念和管理态度，他要求华为人必须彻底地认清自己，并谦虚、真诚地去学习人家的那股认真劲儿。

20世纪50年代，极力推行精益化管理的大野耐一制定了一项“规则”：要将工作中发现的劣质产品放在所有人视线所及之处，绝不可隐藏起来。当时，员工普遍认为“出现劣质产品就等于技术不过硬”。为了避免被处罚，他们便习惯性地将其藏匿起来。无论大野怎样强调“不要隐藏劣质产品”，员工们都不去照做。

一天，大野到工厂视察生产情况，工人们都聚精会神地埋头工作。突然，大野大声喊道：“这是怎么回事？”声音大得让所有在场员工都吓了一跳。生产小组长赶忙跑过来，大野指着一些被藏在角落里的不合格半成品大声训斥："为什么要藏起这些不合格品？我已经说过无数次，一旦出现不合格品，就要立刻停止生产，把它们放到通道中，为什么你们不按我的要求去做？"大野气愤地将不合格半成品全部扔到了通道上，强调"不要隐藏不合格品，把它们全部放在通道中，让所有人都看见"，并对生产小组长予以处分，然后转身离去。

在任正非眼里，严谨的工作作风才是企业长治久安的保证。任正非在每一次出国考察后，都会有很多感触。

纵观全球，寿命超过200年的企业，日本有3146家，为全球之最。德国有837家，荷兰有222家，法国有196家。长寿企业扎堆儿在这些国家，秘诀就是它们一直传承着工匠精神。

在日本公司最常听到的一个词就是"本分"，即把手头正在做的事做透是应当的、必需的。日本A-one精密公司从1970年到现在始终在做一件事——生产弹簧夹头。有一次，一个考察团队来到A-one精密公司参观学习，有人问："你们是在哪里做成品检验的呢？"得到的回答是："我们根本没时间做这些。"对方不信："不可能，你们肯定有成品检验流程，希望能让我们看一下。"结果一看，果然没有。他们到其他日本公司参观时，发现大部分公司都没有成品检验的流程。在这些日本企业看来，高质量应该坚守在每一个流程环节中，质量不好是耻辱。

对产品品质的追求，A-one精密公司的人有着精益求精和一丝不苟的态度。很多人认为工匠不过是机械性地做着重复工作的劳动者，却不知"工匠"意味深远，代表着一个时代的气质。在日本，"工匠"意味着用一生的时间钻研、做好一件事。居住在日本神户的一名工匠冈野信雄，30多年来只做一件事——修复旧书。在我们眼里，这份工作枯燥乏味，令人难以忍受，而冈野信雄却乐在其中。他能够将那些污损严重、破烂不堪的旧书修复一新。

在近30年里，华为也始终坚守品质为先的理念，制造出许多享誉海内外的优秀产品。任正非回忆起华为这些年的经历时，说道：

我们公司也有工匠精神，我们从年产几百万元到年产5200亿元是怎么过来的，多少辛酸泪。我们要重视技师文化的建设，给他们合理的报酬和激励，文员、支付系统的员工……都是一种特殊的技师，我们都要关怀。李建国是工匠第一人，他的任务是要让千万技师、技工成长起来，我们要后继有人。我们的质量要百尺竿头更进一步。

任正非希望华为人也能够像德国人、日本人甚至中国香港人一样，工作严谨，一丝不苟，这样华为的产品才能够走出国门，在海外市场有所成就。

严谨的工作态度是确保一件事情实现预期结果的关键素质，尤其要保证在工作上有始有终。

华为香港员工的职业化精神是有口皆碑的，这从香港秘书的工作中可见一斑。无论工作再忙、事务再多，香港秘书总能严格按照业务规则，将各种工作安排得井井有条，将业务的每个环节都处理得非常细致。

以文件会签为例。对于需要不同主管签署的文件，秘书会用不同颜色的标签作为索引，在文件最上面统一注明不同主管对应的颜色标签，一份厚厚的、几十处需要不同人签署的文件，拿到主管那里按照索引很快就可签完，效率很高。文件还附带一份跟踪表，上面清晰地注明了文件目前处于的状态及跟踪秘书的名字，最后一位主管签完字后，对应秘书会将跟踪表传真到第一位跟踪人那里。

华为作为快速扩张的企业，在前进中不断摸索着更加规范化的管理方式。华为从香港招募员工，希望香港员工严谨的工作作风能够感染那些工作浮躁、不脚踏实地的华为人。

作为职业人，就应该严谨地做事，对待工作一丝不苟。

事后回顾，并获得改善

华为在内部管理上不仅注重过程管理及执行态度，同时还强调要学会事后回顾。说到这里，我们不得不提到华为的AAR（After Action Review）管理，又称行动后反思，是指通过对终结项目的反思，发现优点和不足，进而在接下来的项目管理中获得改善。它是提升执行力非常有效的方法和途径，让我们发现执行中的不足，反思失败的原因，通过对症下药，找到问题的解决办法。

在早些时候，事后回顾只是美国陆军在一项任务完成后的检视方法。美国陆军通常在项目或行动完成后开展专业性讨论会，会议的参与者可以发现和了解发生了什么、为何发生、什么进行得很好、什么还要改进，以及如何维持优点并改掉缺点。美国陆军的事后回顾方式通常会讨论以下四个问题：

我们打算做什么？

实际发生了什么情况？

为什么会发生这些情况？

下次我们将怎么做？

最后，根据美军的经验，会将大约25%的时间用于讨论前两个问题，25%的时间用于讨论第三个问题；而将高达50%的时间用于讨论“下次我们将怎么做？”这种事后回顾的方式可以帮助他们从这些经历中得到教训，并且将之应用到下一次任务中，为下次遇到类似的问题提供了经验，避免在同一个地方跌倒的现象发生。

事后回顾在包括英国石油公司等在内的大型跨国公司获得了成功，成为企业知识管理实践中运用最广泛的工具。归根结底，是因为事后回顾能够让团队从过去的成功和失败中得到经验教训，以改进未来的表现。此外，事后回顾能够为团队提供反思一个项目、活动、事件或任务的机会，而且在项目或活动的生命周期中获取相关的隐性知识，将之显性化以后，就避免了知识因为项目团队解散而流失。

事后回顾是一个简单而有效的过程，它的实施步骤分为行动的意图是什么、发生了什么、从中学到什么、如何将学习转化为行动、采取行动和分享给别人六个步骤，如图9-3所示。

正确地运用事后回顾这一有效工具，不仅可以让团队成员从错误和疏忽中得以学习，还能够将他们的观点和思想与其他人分享，并得到具有建设性的、可操作性的回馈意见。事后回顾促使人们正确地思考、反思和察觉，在思考和反思中获得改善。

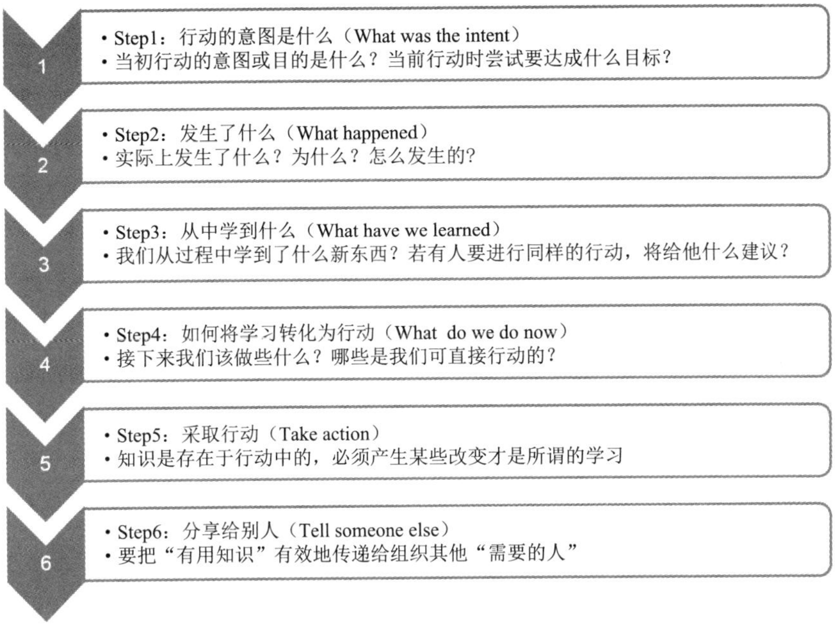

图 9-3　事后回顾（AAR）实施步骤

值得注意的是，虽然是“事后”回顾，但这项活动并不一定要在项目或活动完成之后才进行。团队可以在一个项目或活动中的每一个可识别事件完成之后便进行事后回顾。这样可以使整个项目过程变为一个学习的过程，在项目中积累的经验和得到的教训可以立即应用到项目下一步的工作中，而这正是事后回顾价值最大的地方。

华为在内部执行上强化事后回顾管理，任正非曾尖锐地说：“一个不善于总结的公司会有什么前途？”为此，他还曾用这样一段话鼓励华为人要通过事后回顾获得改善：

现在给你一把丝线，你是不能把鱼给抓住的。你一定要将这把丝线结成网，这种网有一个个网点。人生就是通过不断地总结，形成一个一个的网点，进而结成一个大网的。如果你不善于归纳总结，就会像狗熊掰玉米一样，掰一个，丢一个，你最终将没有一点儿收获。大家平时要多记笔记、写总结，不想进步的人肯定就不会这么做。不进步还不安分，牢骚怪话满腹，这样的人我们不接受。如果你不善于归纳总结，你就不能前进。人类的历史就是不断从必然王国走向自由王国的历史。如果没有平时的归纳总结，结成这种思维的网，那就无法解决随时出现的问题。不归纳你就不能前进，不前进你就不能上台阶。人是一步步前进的，你只要一小步、一小步地前进，过几年当你回首总结时，就会发现你前进了一大步。

华为人凡事都会做到有始有终，无论项目大小都不会忘记“收官”这个过程，目的是总结经验教训、巩固成果。例如，华为会针对每个项目制定相关的指标，根据指标进行评估和验收；华为还非常重视关于项目的文件整理工作，项目各个阶段的文档都要整理归档，以便实现可追溯性、总结经验教训、养成严谨的工作习惯。

第10章 奖惩激励

薪酬激励的对标分析要提高合理性，要管理好拉车人和坐车人的分配比例，让拉车人比坐车人拿得多，拉车人在拉车时比不拉车的时候拿得多。

任正非

华为的“三高政策”

华为的“三高政策”是企业保持高效执行力的重要支撑。“三高”具体指高工资、高压力、高效率。高工资带来高效率，但随之而来的还有高压力。在高压力的作用下，效率得到保障，而高效率带来的是高绩效和高回报。

华为的高工资政策令在外企工作的员工都羡慕不已，即便华为在海外招聘，其工资待遇、福利水平也不亚于同行业的工资水平。如果遇到高端人才，华为给出的报价更是高得“离谱”。

华为公布的2016年年报中显示，华为员工人均年薪为63. 1万元。如此高的薪酬，足以令华为人开足马力工作。华为在高工资政策方面十分大方，以新员工入职为例：应届毕业生报到时的路费和行李托运费等可以享受实报实销，并在报到的当月随工资发放；新员工在正式上岗前的培训期间，工资、福利正常发放。

看似投入了很大的资金，实际上可以把一名刚毕业的大学生培养成可以在市场、研发上独当一面的成熟员工，其为公司创造的价值远大于当初投入的资金。

1996年，华为曾以10万美元的年薪，聘请了一批“海归”来搞技术研发工作。一次，华为开出了40万元的年薪聘请一位从事芯片研发的工程师，结果这位工程师到位之后，华为发现他的价值远大于当初的价格，立刻将其年薪涨到50万元。华为如此豪放的高工资政策让外资企业都望而生畏。一位摩托罗拉的员工称：“摩托罗拉要挖华为的人很难，可华为要挖我们的人就容易多了。”华为的高工资政策的背后，是一批尖端人才的聚集，是员工的艰苦奋斗及效率和技术水平的不断突破。

伴随着高工资的自然是高压力。任正非认为，高压力应该获得等同的高工资的回报，因而高工资与高压力也是成正比关系的。华为为员工支付高工资，是为了让企业获得更高的绩效。因而其设定的绩效目标也非常高，对员工来说必须经过艰苦的努力才能实现。企业满足员工的期望，而员工也通过满足企业的期望来获得回报。事实上，高工资与高压力是一个双赢的策略。

一位在华为就职的员工坦言："在一进入公司的时候就要艰苦奋斗，这样才能'出人头地'。"这从侧面反映了华为内部高压力的氛围，但其背后有着高额的工资和诱人的股票分红作为支撑。

华为每年单工资支出就有数百亿元之多，如果包括其他费用将会更多，这让华为承担着较重的现金流压力，也让华为管理人员和员工担负着更重的业绩压力。

任正非在2002年公司内部会议上讲话时指出：

现在一投标，西方公司的价格与我们差不多，我们有什么优势？我们没有优势。我们以前说我们的优势是质量高、价格低，现在价格低不敢说了，再说价格低就亏得厉害了。我们的优势在一定程度上消失和衰退。但是我们还是有比较好的方法手段的。只要多（接上）几口气，我们就活过来了。"有粮，心不慌"，在深圳口袋里有钱，心就不慌。在最关键的历史时刻，我们一定要重视现金流对公司的支持。在销售方法和销售模式上，要改变以前的粗放式经营模式。我宁肯卖得低一些，也一定要拿到现金。这个冬天过去，没有足够现金流支撑的公司，在春天就不存在了。这个时候我们的竞争环境就会有大幅度的改善。西方公司由于巨大的财务泡沫对它们已产生了打击性的影响，它们自己已经乱了阵脚。乱了阵脚，我们做什么呢？乘胜追击，争取更多的市场、更多的机会，我们就能活到春天。活到春天，我们存的粮食吃光了，再种。

我认为大家要帮助安圣（华为于2001年将安圣电气卖给美国艾默生）的工作。我认为以后这种市场分析会，应该通知安圣每个办事处都来一个主任参加。我们现在账上还有几十亿元现金存着，是谁送给我们的？是安圣，人家给我们送来棉衣够我们穿两年的啊！我们如何能在穿着棉衣暖和的时候，忘了做棉衣的人，这怎么行啊！

从这段话中可以分析出华为的压力——"这个冬天过去，没有足够现金流支撑的公司，在春天就不存在了"。随着价格优势的消失，与对手竞争的重要资本也不复存在，这使得华为的市场开拓更为困难。讲话中提到"乘胜追击，争取更多的市场、更多的机会"，这是任正非的豪言壮语，但在背后却是华为人艰难而辛酸的海外扩展历程。

在刚果（金），基础设施薄弱，很多地方没有公路。由于项目交付都是在野外安装、调测基站，华为的工程人员经常连续驾车三四天赶往野外站点施工。站点周围荒无人烟，他们只能自己带上几桶水和一些干粮解渴充饥，吃住都在车上。

参与项目的员工说："很多时候只能吃面包。如果幸好有热水能够泡一包方便面加一点辣酱，那就是大餐了。"

代表处的服务工程师高学新多次往返于各站点调测基站，由于过度劳累，3个月时间里连续得了4次疟疾，但他仍然工作在最前线……

为了开拓海外市场，无数优秀的华为儿女离别故土，挥泪告别亲人，奔赴海外。他们奔波于疾病肆虐的非洲、硝烟未散的中东、海啸灾后的印度尼西亚，以及冰天雪地的北极等。20年的历程，20年的国际化，伴随着汗水、泪水、艰辛、坎坷和牺牲。

面对艰苦恶劣的生存环境，冒着失去生命的危险，华为人仍积极辗转征战于海外。这其中，除了有华为精神的感召，还有公司的外派补助，包括外派离家补助、外派艰苦补助和外派伙食补助三项。

这种高工资背后是残酷的竞争，它催生出华为人生生不息的奋斗精神。这种高压力在华为的管理中随处可见。

2004年到2007年，华为在乌干达的业务从刚开始的几百万美元上升到2亿美元，并一举拿下"尼罗河"项目。这与代表处的压力传导是分不开的。

当时，华为与客户有一个框架项目，一年多来一直没有签约，2004年6月，代表处负责人让秘书给负责项目的系统部部长小辜订了一张9月底回国的单程机票，放在他的桌子上。上班时，小辜拿着机票来到代表处负责人面前。

"这是什么意思？"

"你没看到上面的日期吗？9月30日。如果你在飞机起飞前没能签下这个项目，你就直接回国，也不要再来见我了！"代表处负责人说。

当时，代表处的压力非常大，好几个项目都拿不下来，小辜负责的项目就是其中之一。代表处负责人十分肯定小辜的能力，但认为小辜还有潜力没有被激发出来，他希望自己这一次的"施压"可以将其潜能"逼"出来。接下来的几个月，小辜出现在公司的时间越来越少。时间转眼到了9月30日，小辜和客户的合同已基本谈妥，就差几个关键客户的签字了。

那天，代表处负责人和小辜一起来到客户开会的酒店，小辜抱着合同守在门口等客户签字，等到客户出来，对方却犹豫不愿意签，上车准备离开。小辜则冲到车前，张开双臂拦住汽车，不让客户开车出去。无奈之下，客户倒车走了。

回到公司之后，小辜抱起打印机就往车上去，并说要去客户家里堵。当晚，小辜把厚厚的一摞签好的合同狠狠地摔在了代表处负责人的办公桌上。

小辜的经历是众多华为人的日常缩影。在巨大的压力下，华为人不得不想方设法达成目标。但在这种高压力下，他们得到的回报也是巨大的。

压力可以让人激发出高执行效率（动力）。美国学者威廉逊的研究表明，压力水平与个体的动力或绩效呈倒U形曲线，如图10-1所示。

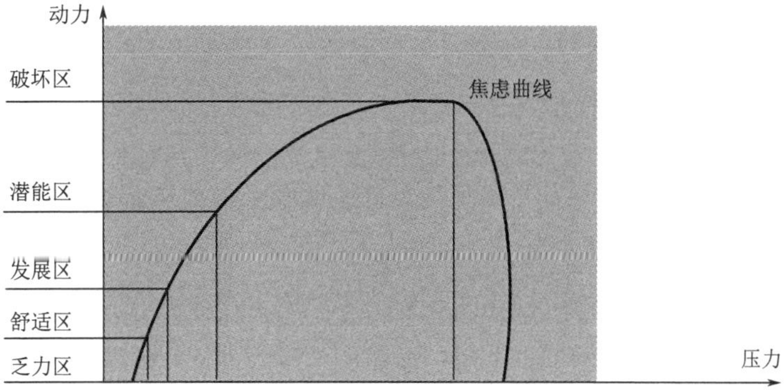

图 10-1　压力管理曲线示意图

【乏力区】当压力处于该区时，员工的行为表现为不知为什么而努力，因此也没什么动力，显现出本能的惰性，处于一种茫然、无助的乏力状态。

【舒适区】此时员工稍有压力，一般没有太大改变的欲望，因此行动仅仅用来维持“舒适”之用，用不着太多的付出与努力。

【发展区】此时压力明显存在，员工为了解除压力、维持“舒适”而不断付出努力，动力得到快速提升。绝大多数的激励措施均在这一压力区域中见效。

【潜能区】当压力持续增大时，一般性现实能量无法应付，员工必须调动潜在能量。潜能一旦被激发，员工就会迸发出不可思议的巨大动力。

【破坏区】超过焦虑曲线的顶峰值而处于破坏区时，员工会感到绝望，无力支撑。于是，其意识与潜意识会同时选择放弃，动力剧减，直至为零。

通过压力曲线可以看出，在压力状态下，员工会激发出巨大的动力。在华为，许多刚参加完培训的新员工就要承担项目开发任务，没有任何缓冲期，而且工作结果直接与绩效挂钩，这对华为的新员工来说压力极大，但这并不会让他们屈服。

任正非在一次讲话中指出，“井无压力不出油，人无压力轻飘飘”。面对公司内部个别干部、员工沉迷于安逸的状态，华为发起了竞聘上岗的“运动”。

1995年，华为在C&C08交换机的技术上取得了重大突破，于是其产品开始向市场大面积渗透。华为的年度销售额也达到了15亿元，公司进入高速发展阶段。

随着创业期涌现的一批个人英雄的职位越升越高，他们发现自己的发展空间却越来越小。于是，一部分高层管理者逐渐丧失了创业时的激情，开始松懈下来，这极大地影响了下属员工的工作积极性，使华为的继续发展遇到了瓶颈。此时，任正非做出决定：让大家全部“归零”，并通过竞聘上岗。有能力的继续上；没能力的、跟不上形势需要的，转换岗位或下岗。

华为坚持不论资排辈，只重实际能力的原则，让所有员工都看到了希望，激发了员工的事业心，也让那些居功自傲的人不得不努力提高自身能力。这种内部竞争与选择机制，增加了员工的压力感，增强了员工的自我竞争意识。

1996年2月，任正非以一篇题为《目前形势与我们的任务》的万言报告，拉开了市场部整训工作会议的序幕。

任正非专门做了动员讲话：“为了明天，我们必须修正今天。你们的集体辞职，表现了大无畏的、毫无自私自利之心的精神，你们将光照华为的历史！”随后，由分管市场的华为副总裁孙亚芳带领26个办事处主任同时向公司递交了两份报告——一份是1995年的工作述职报告，另一份是辞职报告。孙亚芳还做了集体辞职的激情演说。当市场部代表宣读完辞职书的时候，许多人眼含泪水地走向主席台，台下则有人带头喊起了口号：“前进，华为！前进，华为！”此时，气氛达到了高潮。

华为整训工作会议历时整整一个月，接着就是竞聘上岗答辩。公司根据个人实际表现、发展潜力及公司发展需要进行选拔，包括市场部代总裁毛生江在内的30%的干部被调整下来。

任正非通过强大的危机意识，将压力传递下去，使华为内部机制永远处于激活状态，永远保持灵敏和活跃。他坚信，唯有这样，华为人才能迸发出强劲的进取心，实现高效的执行力，华为也才能在竞争激烈的国际市场上迅速成熟并成长起来。

贯彻定岗定薪的分配体系

伴随着华为"三高政策"的是华为定岗定薪的报酬分配体系。定岗定薪是指同贡献、同报酬，它是华为与奋斗者分享成功的理念之一。任正非在《华为的红旗到底能打多久》一文中指出：

各尽所能，按劳分配。怎么使员工各尽所能呢？关键是要建立公平的价值评价和价值分配制度，使员工形成合理的预期，让他相信各尽所能后你会给他合理的回报。而怎么使价值评价做到公平呢？就是要执行同等贡献、同等报酬原则。不管你是博士也好，硕士也好，学士也好，只要做出了同样的贡献，公司就给你同等的报酬，这样就把大家的积极性都调动起来了。

任正非认为"英雄不问出身"，只要做出了同样的贡献，公司就给予同等的报酬，这种激励能够最大限度地激发员工的工作潜能。后来，华为还建立了一套体现定岗定薪的分配体系——岗位标准工资。华为人力资源部制定的岗位标准工资将员工职位分为22个等级，每个等级又按照胜任能力分为A、B、C三个层次。13级以下基本上都是普通员工，我们在这里不具体描述，重点看13级及以上员工的岗位标准工资。华为员工标准岗位工资明细及分析如表10-1所示。

表 10-1　华为员工标准岗位工资明细及分析

单位：元

岗位等级 \ 胜任等级	C	B	A
13	5500	6500	7500
14	7500	9000	10500
15	10500	12500	14500
16	14500	17000	19500
17	19500	22500	25500
18	25500	29000	32500
19	32500	36500	40500
20	40500	44500	49500
21	49500	54500	59500
22	59500	—	—

其中，22A为最高。华为将每个等级与员工绩效考核成绩相对。如果员工考核（对员工贡献的评价结果）获得15C，那么他的基本工资就是10500元，奖金、期权另算，但也要通过绩效考核来衡量贡献，通常15级可以分到3万～4万股期权。

岗位标准工资中还设定了胜任系数，以奖勤罚懒：完全胜任的系数是1；基本胜任的系数是0. 9；暂不胜任的系数是0. 8。此外，为了让员工继承华为的企业文化，还设定了地区差异系数：一级城市系数是1；二级城市的系数是0. 9；三级城市0. 8；其他城市的系数是0. 7。

岗位标准工资的等级确定方式：一是，依据面试、试用情况；二是，依据日常工作、项目执行进行的评价。总之，做出的贡献越多，得到更高等级工资的可能性越大。华为员工的岗位等级说明如下：

① 助理工程师的技术等级为13C～15B。

② 普通工程师B的等级为15A～16A。

③ 普通工程师A的等级为17C～17A。

④ 高级工程师B的等级为18B～19B。

⑤ 高级工程师A或技术专家的等级为19B～20A。

⑥ 三级部门主管的等级为19B、19A。

⑦ 二级部门主管的等级为20A。

⑧ 一级部门主管的等级为21B、21A、22B。

⑨ 最高等级为22A。

其中，华为技术专家等同于三级部门主管，高级专家最高可达到一级部门正职的技术等级21A～22B，这也体现了同贡献、同报酬的分配原则。

华为实行岗位标准工资制后，不再或很少由上级任命、定级，完全由员工按照相关规定自行应聘相关职级。例如：工作8年以上，可以去应聘16A；工作6年以上，可以去应聘15A、15B。上级只负责考核。这杜绝了各种不公平的现象发生。

① 能力突出、项目经验丰富、有经理级职务或技术专家职务，可聘为18级。

② 工作10年或以前担任过部门经理的社招员工（社会招聘人员），可聘为17A及以上，并派往海外。

③ 工作6年，能力和技术水平一般，但基本能胜任工作的普通社招员工，可聘为15B、15A；如果在原公司是骨干，可聘为16B、16A。

④ 工作8年的普通社招员工，一般可聘为16A或17B。

⑤ 特招进入华为，一般可聘为17A～18A，并给予签字费、股票。

⑥ 原为思科、爱立信、阿朗、诺西等公司正式任命的部门经理（部门主管），可聘为等同于华为三级部门主管的级别19B或19A。

⑦ 应届本科生最低级别为13C。

⑧ 生产线上的操作工为13C以下。

需要说明的是，签字费就是给跳槽至华为者的补偿金，奋斗者协议奖金一般为3万～5万元。

此外，华为还将技术等级与任职资格挂钩，也就是说代表技术等级的职称，是享受待遇等级的。华为规定技术等级+13=任职资格，如技术等级3A，任职资格为3A+13=16A。这为许多走技术路线的人员提供了同等的待遇。

定岗定薪分配体系建立后，极大地提高了华为人工作的动力，为华为带来了前所未有的繁荣。

全员动态分配机制

随着管理越来越成熟，华为的价值分配体系也变得越发灵活有效，与奋斗者分享利益也就成了一套行之有法、用之有效的动态支付系统，它时刻回报着华为人的付出。

2014年9月23日，任正非在华为公司内部激励导向和激励原则汇报会上发表讲话，他说：

在进行公司员工薪酬水平与社会水平对比时，高级干部要去掉股票分红、基层员工要去掉加班工资，再做薪酬激励的社会对比。员工的货币资本所得管理要考虑员工过去的劳动回报，在当时历史条件下做出的贡献，不能用今天来否定过去；而员工的人力资本所得管理更多要看现实表现。我们不能通过股票大量分红来过度保障退休员工的收益，而是要切实保障作战队伍获得大量的机会。让拉车的人比坐车的人拿得多，“获取分享”的价值分配理念驱动公司长期、健康发展。让拉车的人比坐车的人拿得多，同时还要区分时间段，拉车人在拉车时比不拉车的时候要拿得多。

可见，在华为公司的价值链上，价值分配体系处于重要的地位。《华为基本法》（以下简称《基本法》）中对于价值分配也做了非常明确的阐述，具体可以归纳为以下几个方面。

（1）价值分配的原则（第十八条）。

即按照什么原则进行价值分配：按劳分配与按资分配相结合。

①“劳”既包括一般意义的劳动，也包括脑力劳动。

②“资”包括知识资本和企业家的管理及企业风险。

③ 按劳分配与按资分配相结合，不是固化的，两者间可调比例，这取决于公司内外部环境。

④ 此理念是建立在给奋斗者合理的回报这一理念基础之上的（第四条）。

（2）价值分配的依据（第十六条）。

即根据什么标准进行价值分配：才能、责任、贡献、工作态度、风险承诺。

① 其依据是价值提供者创造价值的能力，在创造价值过程中的责任、工作态度和贡献。

② 这些依据是经过公司依标准和程序考核评价后所认可的结果。

（3）价值分配对象（第十七条）。

即哪些价值可以用来进行分配：组织权力和经济利益。

①“奉献者定当得到合理的回报”（第四条），意味着公司是把“工作作为工作的报酬”。

② 对已经拥有组织权力的管理者进行严格的考核评价（如定期述职制度），从而使干部能上能下制度化、规范化。

③ 要求公司向没有拥有组织权力且有能力的一般员工开放更多的管理职位，公平地提供进入公司组织权力层的机会。

④“依靠自身的努力与才干，争取公司提供的机会”（第五十四条），并在公平的竞争中脱颖而出，拥有组织权力，进而享受到更多组织权力所带来的经济利益。

（4）价值分配的实现形式（第十七条）。

即公司分配的价值以什么样的形式为参与分配者所拥有：机会、职权、工资、奖金、股权、红利、福利及其他人事待遇。

① 这是“组织权力与经济利益”的具体表现。

② 公司分配给个人的价值分为三种：第一种是为个人所有，并可以自由支配的货币，如工资、奖金、红利和福利；第二种是为公司所有，但个人可以在一定时期内受约束支配的权利，如晋升、培训机会；第三种是为个人所有，但公司拥有使用权的风险承诺，如股权。

③ 这不完全是静态分配，是公司内部价值分配和再分配的结合。

（5）分配形式的确定依据（第六十九条）。

即以上价值分配的实现形式在现实分配过程中应根据什么确定。《基本法》给出了几类：

① 工资：职能工资制。

② 奖金：与利润总额挂钩。

③ 分配：与个人或群体的贡献、与责任挂钩。

④ 退休金：工作态度。

⑤ 医疗保险：贡献大小。

⑥ 股权：贡献、责任与时间。

（6）具体的分配政策。

即价值分配过程确定必要的界限。应注意的问题和重点如下：

① 以一般劳动为依据的价值分配，在个人之间要充分拉开档次（第十八条），从根本上否定平均主义（第五十四条）。

② “分配曲线要保持连续和不出现拐点”（第十八条），指部门、职能类别和职能层次之间的分配保持相对的稳定，保持大致的动态平衡和比较平缓的起落，保持一定的重叠部分。

③ 在股权分配上实行员工持股，但股权的分配要向有才能和责任心的人倾斜（第十八条）。

④ 在保证员工长期利益的前提下，满足员工短期利益（第六十九条）。为了长期利益，可以暂时地、有限制地牺牲短期利益，如自动降薪（第七十条），公司否定分配过程中的短视行为（第五十四条）。

⑤ 公司试图通过价值分配形成其富有特色的、建立在新理念基础上的产权制度（第十七条）。

（7）价值分配的评价标准（第十九条）。

即以什么样的标准来衡量价值分配的过程与结果是否合理，是否符合公司的价值分配理念，是否成功和有效。《基本法》提出的标准是，“公司的成就，以及全体员工的士气和对公司的归属意识”（第十九条）。也就是说，倾向于考量：

① 公司的整体业绩是否提高与提高的快慢，是否高于行业的平均速度和竞争对手的速度（第十三条）。

② 是否调动了员工的积极性，产生了所期望的激励作用。

③ 员工是否认同了公司的价值理念和文化，真正形成“命运共同体”“责任共同体”和“利益共同体”。

价值分配从来就不是静态的，它随着价值分配的理念、对象等因素不断发生变化，但最终以实现价值创造为目的。

用职能工资制激活竞争

华为价值分配的核心是薪酬体系。华为认为：价值分配理念和价值分配体系必须通过工资制度来规范，以实现可操作性；工资制度关系到员工的经济利益，是满足员工物质需要和精神需要的重要经济基础；它能直接产生激励作用和刺激作用；作为一种常规性的分配，必须按月为单位进行。

企业可以选择的工资制度，取决于多种因素。从目前来看，大致有四种类型的工资制度。常见工资制度如表10-2所示。

表 10-2　常见工资制度

工资制度	含　义	特　点
职务工资	根据职务（岗位）的性质、地位和责任大小确定工资	它是围绕职务价值和职务价值评价运转的
年资工资	又称为年功序列工资，根据职工的实际年龄和在公司的连续工龄确定工资	实质上是将个人的能力、工作熟练程度与个人的连续工作时间和年龄相对应

续表

工资制度	含　义	特　点
职能工资	又称职能资格等级工资或任职资格等级工资。根据职工的职务执行能力，按资格等级确定工资	它实际上综合了职务工资和年资工资，把价值创造因素化为不同等级水平的职务执行能力，按照每个人的实际职务能力确定工资
年薪制	它是在每年年初通过目标业绩评价确定一年收入额，并按月度分别发放的工资制度	年薪制只是一种变种的工资制度

表10-2所示的是常见的工资制度，那么华为选择的是哪一种呢？《基本法》明确规定，“工资分配实行基于能力主义的职能工资制”（第六十九条）。华为公司为什么选择职能工资制度？其依据是什么？

（1）基于价值的考虑。

工资制度与华为公司的价值创造、价值评价和价值分配理念相契合。

① 价值创造方面：公司的价值创造离不开知识和高智力劳动、技术和企业家管理及风险累积，因而华为要通过一定的分配制度给予其合理的回报。

② 价值评价方面：华为要给予回报，就要对价值创造的过程和结果进行科学的评价，并依据评价结果进行价值分配。这使得工资制度的运作与考核评价紧密地结合起来。

③ 价值分配方面：公司必须要有一套完整的价值分配体系，并以制度的方式予以规范，以充分落实，并实现公正与公平。

总之，华为公司要求工资制度能够充分反映自身的价值理念，这是华为选择职能工资制的重要标准之一。

（2）基于人事管理的考虑。

考虑了华为公司的人事管理制度特点。

① 华为主张实行自由雇佣制（第五十六条），而且工龄、年龄等个人因素在华为的价值创造中没有得到承认。因为华为从来不选择与终身雇佣制相配套的年功序列制度。

② 华为主张干部能上能下，“把最重要的职务交给最有责任心和最有才

能的人”“把职务看作一种责任”“把工作作为工作的报酬”，这决定了华为不可能选择以职务价值为核心的职务工资制度。

（3）基于自身实际的考虑。

在工资制度的选择上，华为充分考虑自身的现实状况。从华为成立之初到现在，基本上是按照职能工资制度走下来的，尽管前期不太规范。华为充分考虑了实际需要，并且一直坚持，这种连续性避免了因不断变动的价值分配形式，给公司整体经营管理带来冲击。

（4）基于管理水平的考虑。

工资制度的选择考虑了现有的管理素质和管理能力。日本年薪制专家指出：“在职务工资、年资工资或不成熟的职能工资制度内，引入年薪制是危险的。”可以说，华为选择了职能工资制，职能工资制也选择了华为，这是合理的双向选择，也是唯一的选择。职能工资制度强调能力至上，通过每个人发挥出来的能力、业绩，分配公正的待遇。其有丰富的表现内涵，我们可以多方位来理解它。

① 尊重个人。
② 弹性的个人主义。
③ 实绩主义。
④ 势力主义。
⑤ 业绩主义。
⑥ 实力主义。
⑦ 成果主义。
⑧ 构筑压力感。
⑨ 挑战精神。

职能工资的运作是依据人事考核结果实现任职资格等级晋升（降低）的，对应的薪点也会提高（降低），达到提薪（降薪）的目的，将考核结果与工资晋升直接联系起来。不再以年龄、工龄和学历等个人因素，而是以个人的职务执行能力和实际的贡献作为工资的分配依据，每个人都要努力提高自身能力，做好工作，以便得到更好的待遇。

华为的职能工资制因激励机制的存在，使企业对员工的工资支出不再表现为一种人工成本支出，转而成为人力资本投资。对人力资本的投资，其回报率比任何物质资本的投资回报率都高。它满足了当今企业重视知识、重视个人能力、强调员工不断进行自我开发的需求。

全员持股激励机制

众所周知，华为是中国较早实施全员持股的企业之一。全员持股属于股权激励的范畴。股权激励是指企业以股权的形式给予相关员工一定的经济权利，使他们以股东的身份参与到企业决策中来，同时分享利润、承担风险，从而激发员工工作热情和持久动力的一种激励方法。全员持股是股权激励中风险较大的一种，但其收益也是显著的。

当时，华为推动全员持股的行为，可以说是“敢为天下先”。它直接成为华为的崛起支柱，成为华为以奋斗者为本的重要支撑。

从2007年3月到2010年4月，吕晓峰在营销机关做三级部门主管。他的一项重要工作就是培养专家。

他培养的一名员工B，是华为特招员工，在摩托罗拉工作了10年。吕晓峰对他的评价是做事踏实、技术水平高。员工B在2008年年初入职华为，由于入职时对华为的激励方式不够理解，选择了年薪制，因此不能获得配股。

经过一段时间对员工B的工作考察，吕晓峰希望他能在华为长期发展，并希望他能够获得合理回报。因此，吕晓峰找机会与员工B详细探讨了华为激励方式，让他理解了饱和配股、浮动奖金的意义。后来为他改为以绩效为导向的普通薪酬制，并获得配股。

之后，吕晓峰安排员工B到印度地区部工作，支持重大无线项目。员工B在项目中能力突出，后来成为印度无线营销的总工。他的年终报酬也远远比当初的年薪制高出许多。

全员持股对华为员工的吸引力不言而喻。时至今日，华为仍然实行着全员持股这一举措。华为内部股权激励始于1990年，至今已进行了三次大规模的股权激励。

（1）创业期股票激励。

1987年华为起步，虽然经过几年的发展，但公司急需大量资金去拓展市场、搞研发，因此资金周转依然非常困难，任正非决定推行内部股权和高分红制度。1990年，华为提出员工持股，每股10元，以利润的15%作为股权分红（税后）。员工进入公司一年后，依据员工的职级、季度绩效等进行配股，员工可采用年度奖金购买。如果年度奖金不够参股股票额，公司会帮助员工从银行贷款购买股权。

华为采取这种全员持股方式，增强了员工的归属感。全员持股等于给员工描述了一幅愿景——在未来会拥有高额的回报。同时，由于全员持股，员工有了一种主人翁意识，责任感和归属感也随之而来。

在股权激励和主人翁意识的驱动下，华为人夜以继日地奋斗着，即使拿着微薄的薪水、住着简易的农村房，他们也始终保持高昂的状态，期望着年底的奖金、分红及股权。

全员持股是一种绝佳的绩效激励措施，它以利益均沾的形式，让每个员工都心系公司命运，并为之努力提升个人和团队的绩效。当时，华为员工自嘲道："这些躺在纸面上的'数字'不知何时能兑现。"但同时，他们清醒地意识到，如果不努力，这些数字永远不会"复活"。

随着华为人的不断努力，市场越来越好，研发技术也上了一个新台阶，公司积累的财富也越来越多。

2000年年底，华为的销售额已突破100亿元大关。

（2）"华为冬天"时期的股权激励。

以全员持股作为绩效激励手段并不是一成不变的，而是要随着企业经营环境的变化而进行调整，这样才能更好地达成绩效。

2000年IT泡沫破灭，华为迎来发展历程中的第一个"冬天"，为了保证充足的现金流和改善人浮于事的弊端，华为开始实行"虚拟受限股"的期权改革。

虚拟股票借用股票的名义和内容，实际上并不存在股东，更多的只是一种承诺，但授予激励对象一定数量的分红权和股价升值权。此外，华为还出台了一些新的股权激励政策：

① 新员工不再分配1元每股的股票。

② 老员工的股票逐渐向期股转化。

③ 取消固定的分红，从期股所对应的公司净资产增值部分获取。

依据公司的评价体系，向员工分配一定额度的期权，期权期限为4年，每年兑现1/4的额度。同时，为了保证期权的可行性及不影响正常的经营活动，华为确定了四种兑现方式：

① 兑现差价。

② 以1元每股的价格购买股票。

③ 以后兑现。

④ 放弃（保持现状）。

期权比股票的方式更为合理。在保证员工收益的前提下，最大限度地激活了公司内部的竞争。以往，员工只要持有股票，即使不干活，也能获得分红，久而久之，破坏了公司内部公平的竞争环境，不利于个人和公司绩效的提升；而期权则要求个人必须艰苦奋斗，只有达到规定的绩效标准才能获得相应额度的期股，拉开员工之间的收入差距，有效激活了内部竞争。对于期权的行使，华为还规定了一些约束措施。

① 持股较多的核心员工，每年兑现比例不超过1/10。

② 股权额度向骨干员工倾斜。

③ 配股锁定期限，几年内不允许兑现，其间离开，所配股票无效。

华为建立的集竞争、开放、约束于一体的期权激励机制，使公司的整体面貌焕然一新，销售业绩和净利润也大幅攀升。

（3）经济危机时期的期权激励。

2008年，世界性的经济危机爆发，华为再次推出新一轮的期权激励措施。当年，华为启动了其发展史上最大规模的配股激励机制。本次配股属于“饱和配股”，公司依据员工职位级别分配不同的期股额度，饱和配股模型如图10-2所示。

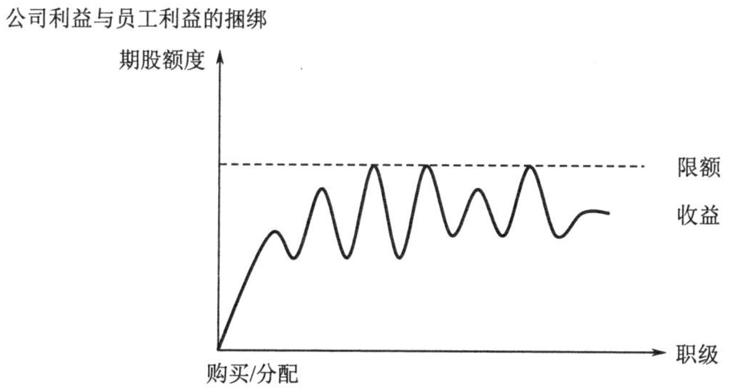

图 10-2　饱和配股模型

从模型中可以看出，不同职位级别匹配不同的期股量。例如，职位级别为13级的员工，持股上限为2万股；职位级别为14级的员工，持股上限为5万股。其中，收益呈波浪线，它是因购买/分配数量不同而形成的。此外，如果持股已达到其级别持股量的上限，则不再参与配股。

华为此次配股一方面缓解了资金压力，另一方面提高了员工收益，同时使绩效（期股）与职位等级挂钩，进一步完善了绩效分配机制，促使员工更加努力地工作。

用负激励激发内驱力

所谓赏罚分明，华为的激励体系中还有着高强度的负激励措施。华为持续的高速发展让一些华为人认为自己身处“温暖的襁褓”，就像驯鹿一样，没有狼群的追杀，就没有拼命向前奔跑的动力。对此，任正非这样描述：“我们现在有些干部、员工沾染了‘骄’‘娇’二气，开始乐道于享受生活，放松自我要求，怕苦怕累，对工作不再兢兢业业，对待遇斤斤计较。”甚至连一批创业时期打拼出来的个人英雄都没有了以往的激情。

面对这样的局面，任正非很坚定地说：“不能改正的干部，可以开‘欢送会’。全体员工都可以监督我们队伍中是否有人（尤其是干部）懈怠了，放弃了艰苦奋斗的优良传统，特别是对我们高层管理者。我们要更多地寻找那些志同道合、愿意与我们一起艰苦奋斗的员工加入我们的队伍。”

有一篇文章叫《好望角蜜蜂》，文章中提到一种“只享受，不干活”的蜜蜂，它们靠着自己的伪装功能，将卵混在其他蜂种的卵中，不会被发现。它们整天不干活，只吃现成的蜂蜜。凭着这身“本领”，它们被其他工蜂傻乎乎地伺候着。等到几个月以后，这种蜜蜂的后代就能够发展到原来的数倍，而整个蜂巢也即将崩溃。这时，它们就会全身而退，去寻找下一个目标。

懒惰和落后像慢性传染病一样，不控制就会扩散繁殖。如果企业容纳懒惰的人太多，组织的积极性就会大大挫伤，团队的士气就会逐渐低落。于是，华为人从入职培训开始就坚持5%的末位淘汰的负激励制度，一个班20 ~ 30个人当中，无论成绩如何，最后一名学生都会被淘汰。任正非希望这种对淘汰落后和懒惰者的负激励制度，能够激发整个组织的内驱力，让员工真切地感受到，华为人不仅要面对外部的危机，还要面对内部的竞争。

美国通用电气公司的前总裁杰克·韦尔奇是末位淘汰制的实际应用者。他对末位淘汰制有着自己独到的理解。他每年都会要求公司的各级经理对自己部门的员工进行严格的评估和区分，按照20%的明星员工（A类）、70%的活力员工（B类）和10%的落后员工（C类）进行区分。通常，表现最差的员工会被淘汰，以提升整个组织的层次。这种一年又一年的负激励淘汰制度，后来也被韦尔奇称为“造就一个伟大组织的全部秘密”。

SOHO中国有限公司董事长潘石屹也是末位淘汰制的极力推崇者。在SOHO公司，所有销售人员都是在末位淘汰制下成长起来的，潘石屹会给表现优秀的员工加薪、升职甚至提供出国旅游的机会，同时也会毫不留情地将表现不好的员工淘汰掉。

没有竞争就没有压力，没有压力又何来动力？为了彻底消除华为人一劳永逸的思想，任正非坚决要求实施末位淘汰制，其中包括那些“老资格”的高层管理人员。任正非说：“我们非常多的高级干部都在说空话，话说不到实处，‘上有好者，下必甚焉’，因此产生了更大一批说大话、空话的干部。现在我们就开始考核这些说大话、空话的干部，实践这把尺子，一定能让他们扎扎实实干下去，我相信我们的淘汰制度一定能建立起来。”就是这样的淘汰制度，杜绝了“南郭先生”混入“艰苦奋斗”的华为人中。

末位淘汰的负激励机制，增强了华为人的危机意识，也调动了他们的积极性，有力避免了人浮于事、效率低下的不良状态。对此，任正非在2004年的一次研委会上做了如下一番陈述：

> 我们贯彻末位淘汰制，只裁掉落后的人，裁掉那些不努力工作的员工或不胜任工作的员工。我们没有大的结构性裁员计划，我们的财务状况也没有到这一步。与竞争对手比起来，我们的现金流还是比较好的，可以支持我们在冬天的竞争。
>
> 实行末位淘汰制，走掉一些落后的员工有利于保护优秀员工，我们要激活整个组织。大家都说美国的将军很年轻，其实了解西方军官培训体系和军衔晋升制度就会知道，通往将军之路就是艰难困苦之路，西点军校就是坚定不移地贯彻末位淘汰制度的。

显然，任正非一直执行的末位淘汰制度是一种良性的新陈代谢机制，通过负激励，把竞争的观念输入到每一个华为人的脑海里，有效防止组织内部的懒惰化，并将华为人打造成一支长期能够冲锋陷阵的职业化“铁军”。

第11章 问题管理

我的水平为什么比你们高，因为我从每一件事情的成功或失败中，都能比你们多体悟一点点东西，事情做多了，水平自然就提高了。

任正非

培养精益求精的精神

华为《管理优化》报上曾发表了一篇名为《洗脸的故事》的文章，讲述了华为人的改进意识和态度：

印度人不厌其烦地收集数据、分析数据，目的就是找出改进点，不断改进，使各种估计、计划的东西日益符合实际情况，使每一个项目的控制愈发精确、愈发容易，最终降低开发风险和成本。在改进意识上，我们实在是差得太远了。如果不提高认识，形成正确的价值观念，即使有足够的资源，一些活动还是无法开展。就拿缺陷预防活动来说，它是一项高难度的工作吗？如果没有缺陷预防的意识，即使给你足够的时间，你也不会去认真做这件事。最终的结果，夸张地讲，就是日复一日地重蹈覆辙。

这篇文章为许多华为人敲响了警钟。在工作中喜欢忽视一些细节问题，不能尽职尽责，最后会给组织带来不少麻烦。

记得某年春节刚过，当所有人都还沉浸在浓浓的年味中的时候，华为某产品在北方某城市第一次开局就出现了故障，客户很生气。客户打电话给华为的维护人员，要求他们以最快的速度赶到现场，如果不能快速地解决问题，以后就拒绝跟华为继续合作。维护人员觉得事发突然，毕竟华为的产品都经过很严格的测试，不应该存在质量问题。他们向参与产品开发工作的人员咨询，得到的答案却是“应该没问题”。为了尽快给客户一个交代，维护人员只能对产品进行详细调查，最后果真发现了问题：某个产品开发人员在编程中有一个不规范的表达方式。

其实，华为对编程中的表达方式的问题在相关编程规范中都有明确的规定，可还是有一些开发人员在编写程序时很随意，他们觉得凡事“差不多就行”，结果导致产品出现了故障，直接影响到产品的质量和华为公司的形象。此次事故也暴露了一些华为员工职业素养不高的问题，他们还没有形成精益求精的工作态度。

为了避免华为人出现案例中提到的失误，任正非要求公司每个人都要专注，绝不能三心二意，要实现“零缺陷”。在任正非看来，在日益激烈的市场竞争环境中，华为人只有对缺陷的零容忍，才能生产出令客户信服的产品，才能使华为从众多竞争对手中脱颖而出。

临近北极圈的芬兰，工作一年中有超过一半的时间是冬天，而且温度都在零下几十摄氏度。在这里工作的华为人每天必须6点钟起床，7点前到达客户机房大楼下，在寒风中等待客户开门，然后一头钻进实验室开始测试。由于测试时间很紧，客户要求华为人必须在2天内将所有问题解决掉，否则就要停止测试，并中止与华为公司继续合作。显然，客户给了华为项目组很大的压力。在所有测试工作中，最让项目成员崩溃的是“乒乓切”测试，新网络与旧网络进行切换时，需要测试人员不停地切来切去。

有一次，项目组准备进行2G、3G网络与4G网络的切换，客户派了3个经验丰富的工程师到现场验收。项目组切换了几次后，觉得基本没问题了，就交给客户验收。客户按照华为提供的方法进行测试，试了5次都成功了，而且拿着手机在周围测试也没有问题，华为人心中暗喜，以为测试就此通过了。可是，客户并没有停下来，并且在第16次测试时发现了问题——手机信号断了。此时，有项目组成员私下抱怨：“也切太多次了吧。”不过抱怨后，大家重新开始分析，他们心中暗自祈祷能够在截止日期前将问题解决。

所有人都闷头在实验室一点点地进行调试，寻找信号好的区域，把目标小区调好。最后，等到客户连续切换了十几次都成功的时候，项目组成员终于松了一口气，他们终于把“偶然”的成功变成了“必然”的成功。等到实验室测试验收结束，华为的158个用例测试单上全部签上了客户的“Pass”。

将“偶然”变成“必然”，做到精益求精，既是对客户负责，也是对公司和自己负责。只有当客户完全认可你的产品时，公司才能得到客户的认同，而个人的才华才能有更大的施展空间。

因此，每个人都要把“精”看成一种追求，把“精”看成一种完美的境界，要时刻督促自己不断超越，永不满足。

很多华为的员工都有一个特殊的文件夹，名字叫作“根因分析”，赵荣（化名）也不例外。在赵荣的文件夹里面完整地保存了近40稿鱼骨图。有过培训经验的人都知道，鱼骨图的画法很简单，谁都可以依葫芦画瓢画出一个漂亮的鱼骨图，但是要想通过鱼骨图找到根因，却是一件不容易的事。

记得某一次因为客户设备出现了故障，华为人和客户正在开原因分析会，大家针对一个症结问题进行头脑风暴。第一次，他们提出了60多个原因；第二次，他们又对另一个症结问题提出了40多个原因；第三次，有成员开始质疑，会议现场变成了“战场”，会议毫无进展。这时候，有一个客户提议直接拍了根因算了。可是赵荣却不同意，他说：“要是我们现在就拍了根因，跟对病人下错药有什么两样？我们不仅会做很多没意义的工作，也会给我们公司造成名誉上的损害。”最后，他们只能求助大圈长。大圈长显然更有经验，他不停地问问题，经过无数次讨论后，鱼骨图的逻辑慢慢理清了，现场的人终于找到了“嫌疑犯”。看到华为人这种“较真儿”的工作态度，客户投以赞许的目光。

一个人能成功并不在于他有远大的梦想和目标，而在于他在通往成功的道路上发扬一丝不苟的工作作风，不疏忽过程中的每一个细节，做到精益求精。只要能做到最好，就必须做到最好；能完成百分之百，绝不在完成99%的时候放弃。成功往往属于那些精益求精的人。

允许犯错，但要有进步

发扬精益求精的职业精神，并不是不允许员工犯错。华为要求所有员工严谨细致，懂得在错误中进步，不要一错再错。

华为作为一家年轻的电信设备运营商，在与经验丰富的国际巨头的竞争中，犯错误在所难免。不过任正非强调：“允许犯错，但要有进步。”这种进步就是通过自我改善来实现的。

心理学家曾经做过一个实验。

把一个玻璃管放在一个黑暗的房间里，玻璃管一边是封闭的，一边是开口的。将一只蜜蜂和一只苍蝇放进去，然后在玻璃管封闭的一端提供照明。结果，苍蝇很快就出来了，而蜜蜂一次又一次地朝着亮光的一端（封闭的一端）撞击，试图穿过去。

为什么苍蝇很快就出来了？答案是，苍蝇发现亮光处无法穿过，就会乱撞一通，最后“误打误撞”找到了出口。

实验指出，做事过程中必要的犯错更能接近目标。在索尼公司，一个经理如果从来没有犯过错误，是不能被提拔的。其他的世界知名企业，如三星、3M等公司在研发上都非常能容忍和包容失败。

在华为也是如此，尤其是在研发领域，华为会给员工空间，容忍他们的错误。但是华为“允许犯创新性的错误，不允许犯流程性的错误”。

一个员工做PC板，PC板过去是6个小时封口，现在温度调高，结果一连报废5块板子。任正非对此说道：“如果这个员工只是放1块板子进去会被鼓励，但是他放了5块板子，这就是流程性的错误。”

面对错误或挫折，大多数人会选择两条路：一条路是通过指责别人来为自己开脱责任，用诸如“这是你的错，不是我的错”等理由为自己辩解，这样的人不会有所进步；第二条路则是半途而废，用“这件事太难了”等理由安慰自己，然后选择退缩。只有少数聪明的人会接受和承认自己的失责，并通过总结工作中的经验教训，不断提高总结反思能力，避免自己走弯路或走错路。

只有及时并认真地总结自己工作、学习、生活中的各种经验与教训，才能得到成长。对此，华为的一位PDT测试经理就有过深刻的体会。

站在走过IPD流程后的今天来回顾，才发现以前仅凭着一股热情和责任感工作，而产品路标、工作计划等我没有感受到，只是觉得不时冒火，我们每个人都忙得焦头烂额，产品什么时候能够稳定、什么时候能够最终发布，几乎没有人能够把握。而这次我们经历的是一个没有“英雄”的联调，不到10天的时间就顺利结束。从开始立项到版本终结，只用了9个月的时间，是该产品以前的版本从未有过的。这就是职业化的威力！

任正非也说：“华为公司一定要允许大家讲错话，大家要觉着说错话光荣，公司就是真的公司，不是假公司。”其意在鼓励华为人努力去行，不必害怕犯错。

对于不确定性的工作，华为设定了一个收敛值0.5，即允许有50%的失败。事实上，华为人并不会刻意去犯错，对确定性的工作往往会事先做好规划，讲求效率，避免犯低级错误；即使犯了错，也会不断反思。真正让他们无法接受的是“不思进取”。

华为副董事长纪平刚进入公司时，在工作结束前发现自己当天上交的报表存在一处失误。由于纪平仍处于试用期，他很担心自己因为这次工作失误被辞退。不过，他很快平静下来。他说：“当时，我想一想这次失误可能造成的最坏结果，然后说服自己去坦然接受，当我从心理上接受之后，我发现自己轻松了很多。随后，我马上采取了积极的措施，争取最大限度地挽救不良后果。”事实证明，他的做法是正确的。他非但没有被辞退，还因及时弥补了失误，获得了管理者的认可。

任正非说：“我最欢迎说错话的人，你的话都是对的，还有什么机会呢？” 面对错误带来的失败，聪明的人会总结经验教训，不断提升自己的能力。华为轮值CEO郭平说：

我们要宽容，要敢于试错，不要太追求完美。环境的复杂多变使得技术、商业、管理上的持续创新成为必需。在对不确定性的探索中，要包容合理的试错成本，公司要有宽广的胸怀来包容干部在业务不确定探索中犯错。二战中，珍珠港被日本炸掉以后，美国总统和参谋长联席会议主席连续发电报给麦克阿瑟，要他警惕菲律宾可能遭遇日军袭击，可麦克阿瑟还是掉以轻心了。十几天后，日军发动袭击，把美军在菲律宾的200多艘军舰全部炸毁。日本军队登陆菲律宾，俘虏了7万美军，包括中将都投降了。遭遇这样的惨败，美国政府并没有把麦克阿瑟赶出军队。几年后，麦克阿瑟又率领美军打回来了。我们要想一想，如何胸怀世界，气吞山河。

在华为人看来，在错误中修正自我，才能获得更多成长和成功的机会。

任正非教育华为人说：“在这个复杂多变的时代，把握住正确的方向最重要。一方面在前沿研究领域，我们要强化对不确定性的投入，要多梯次、多路径、高强度地进行投资，允许犯错，寻求突破。”

任正非认为，坚持“吾日三省吾身”，认真总结自己的成功经验和失败教训，通过对以往的实践进行回顾和反思，才能分清真伪和是非。

一直找，直到找到为止

找到问题的根源要有相当的耐心和毅力。这要求我们在工作中注重对这种精神的培养。

华为就曾从德国聘请了一批专家帮助优化PCB（印制电路板）制造流程。优化的前期是帮助华为项目组做现状调查工作，要收集成千上万的数据。由于数据常常是突然的，而专家到现场的时间又是有限的，因此，项目组的人总是很紧张。结果是，这边才完成一组数据或资料的收集，以为可以松口气了，那边又是一组数据等着去收集……

可是，德国专家们一个个心静如水，耐心地等待项目组将数据一点点收集完成，逐一理解和确认以后，还要全数复制一份，锁进密码箱。专家们走访现场的时候，会从一楼到二楼，再到三楼，整整一天都在生产现场转悠，不会漏掉任何角落，华为项目组的人跟在他们后面腿脚早都不灵便了，可专家们似乎毫不在乎，不断提出新的建议。这样，一天下来就能够发现几十个问题。

因此，我们要注重对“凡事彻底”精神的培养，就像丰田生产方式的创始人大野耐一说的那样，要“一直找，直到找到为止”。

工厂丢失看板的事情经常发生，不知该如何是好的企业顾问林南八先生决定以增加看板数量来解决此事。这样一来，有时就会出现多余的库存。知道这件事后，大野耐一勃然大怒，强令林南八“去找回丢失的看板”。可是，林南八找了一个小时也没有找到。

林南八把情况如实地向大野耐一做了报告。大野耐一又一次大声斥责道：“只过了一个小时就说‘找不到’，这算什么事？”于是，林南八又去四处寻找，可还是没有找到。

大野耐一问："你知道为什么找不到吗？"林南八不知道该如何回答才好。此时，大野耐一又补充了一句："这很简单！只是因为你没有一直找，直到找到为止！"

不肯服输的林南八又四处寻找了一番，终于找到了丢失的看板。原来，看板被油粘在了几个零件箱的底部。林南八对此加以改善之后，看板再也没有丢失过。

增加看板数量只不过是权宜之计，不管增加多少，还是有丢失的可能。查明真正原因，采取防止被油粘上的改善措施后，才可以说是彻底地解决了问题。因此，找到问题的根源首先要培养"凡事彻底"的精神，不要总是隔靴搔痒。

2004年8月，CDMA海外第一大网也门移动网络试商用。初期，网络质量不好，经过优化，客户也算满意。但不久，客户又投诉了。王东（化名）立刻返回现场，但正赶上当地的斋月首日，白天路上几乎看不到行人，街道两旁的店面都关了。客户投诉地点是客户办公大院的休息室，而休息室距离基站仅200米，信号很强，王东用手机拨了20多次电话，也没有发现掉话的情况。他心想：客户是不是故意的？但很快，客户又投诉了。

王东决定"刨地三尺"也要把问题找出来。第二天，华为的6支队伍同时赶赴现场测试，问题最终定位出来了。他们发现，每300次通话会出现一次掉话。他们立刻采取了规避措施，之后再也没有接到客户的投诉。

在王东等人看来，有些问题出现的概率很小，隐藏很深，要有足够的耐心与细心才能发现。

面对问题浅尝辄止，认为没必要去深究，或者自以为找准了问题的要害，在没有查找出真正原因的前提下就匆忙采取应急措施，表面上似乎解决了问题，实际上问题并没有得到解决。对此，华为要求所有的员工要有"一查到底"的精神，并强调这正是一流企业员工与普通企业员工之间的差距所在。

多问几个“为什么”

发现问题后，“凡事彻底”的精神固然很重要，可是有时人们对工作的异常问题依然无可奈何，想破头皮也想不出究竟是哪里出错了。

丰田公司前总裁张富士夫先生在美国肯塔基州的一家工厂担任负责人期间就有过这样一段经历。当时，张富士夫先生所追求的目标是让美国员工生产出与日本质量相同的汽车。然而，事与愿违，虽然其他方面都能令人满意，但是汽车外壳的喷涂技术总是出现问题。

技术人员和员工不得不对可能出现的问题进行逐一排查，在抓到几个“嫌疑犯”后，他们重新制定了标准作业程序，并反复进行改进，结果却不尽如人意。在这种情况下，技术人员和员工只好“妥协”，并且认为“也许喷涂技术的品质只能到达这个水平”。

在我们的工作中，类似的情况经常发生。当我们绞尽脑汁想出解决问题的办法，而问题却没有得到改善时，我们很容易因此而气馁，问题也不会得到解决。对于张富士夫先生所描述的情况，华为员工会极力避免。他们会在工作中不断分析问题，并持续进行改进。

杨娅飞2001年加入华为。2011年9月，她加入企业业务BG安捷信商务管理部。当时，企业业务还处于摸索状态，杨娅飞所负责的商务评审领域，能应用大平台的核算系统，只能依靠人工完成评审。为了保证准确地输出评审结果，要由多人进行复审，效率很低。这与日益增长的业务量发生冲突，商务核算成为合同评审流程的瓶颈。面对窘境，杨娅飞不禁问自己：“这种局面能改进吗？”

但是改进点在哪里？在一次例会上，杨娅飞指出问题集中在人工审核上，若可以实现IT化，问题就能够迎刃而解。大家频频点头，由于投入大，实现起来难度较大。

杨娅飞认为，方法总比问题多。之后，杨娅飞在工作之余，开始钻研IT化问题。经过3个月的艰难开发，前期准备工作已基本就绪。就当系统即将上线时，公司的配置器却更新了，结果导致二者不能兼容，之前的努力付诸东流。杨娅飞并没有放弃，她四处“取经”，终于联系到一位IT工具开发专家，双方一拍即合。但“隔行如隔山”，把商务语言转化为计算机语言是非常烦琐的，两个人一遍遍地讨论，且转换的工作量非常大。那段时间，杨娅飞经常是吃饭、睡觉都在思考如何推进开发进程。

经过半年的努力和不断优化，商务核算IT工具和商务存储数据库顺利上线。新工具使商务核算效率提高了50%，存储效率提高了80%，得到了一线业务人员的一致好评。

杨娅飞和她的伙伴们在例行的工作上持续挖掘可改进点。作为一家视产品质量为生命的企业，华为员工自然不会向任何异常问题妥协，他们总是寻根究底，直到发现问题的根本原因。

从案例中可以发现，华为人就是在不断地自我提问中发现问题的。

针对问题，华为员工掌握了一套问题分析的步骤。第一步，就是要把握问题现状。在这个步骤中，华为员工会自我设问：我现在知道什么？实际发生了什么事情？还有其他的小问题存在吗？我要去何处调查取证？我应该关注哪些问题？谁可能掌握有关信息？通过对这些问题的解答，华为员工就能够大致了解问题的现状。

接下来，华为员工就会着手调查问题。此时，他们会提出另一些问题：这个问题为什么会发生？我能看见问题的直接原因吗？如果不能，我怀疑什么是潜在原因？我该如何核实直接原因？

最后，华为员工会依据事实来确认直接原因。直接原因确认后，制定改善方案。

然而，向自己追问“为什么”看起来是个简单的过程，但真正实践起来却绝非易事。很多华为员工都曾有过切身的体会。

有华为人曾说：“刚开始的时候，怎么着也能把‘为什么’问上一两遍，但是后来就问不下去了。这个时候的一般做法就是，抓几个‘嫌疑犯’给自己台阶下，然后就完事了。有些问题的原因很难找到，真正要做到反复向自己问‘为什么’，一直到把问题弄明白是一件非常困难的事情。”

的确是这样。人是懒惰的动物，在反复地问自己几遍“为什么”仍然得不到所希望的答案以后，通常会做出妥协，然后随便找一些原因敷衍了事。所以，在工作中追问“为什么”最重要的就是有相当的耐心和毅力，这一点非常重要。丰田人常说“去想五遍”，其真实的含义是让人反复思考，绝不仅限于“五遍”。因此，耐心和毅力就显得更为重要了。

发扬“不要脸”精神

问题管理或反省管理要求所有员工不但重视自己的问题，对他人的问题也能提出来并加以交流讨论，只有在一种大家都懂得改善、积极上进的团队里，问题管理才会发挥出它巨大的能量。

然而，在许多企业里，大家总是习惯掩盖问题，“不求有功，但求无过”的免责心理总是或多或少地存在。无数企业衰落的事实证明，企业内部越是“平静”，存在的问题就越多。从长远的角度看，“平静”就像慢性毒药，侵蚀着公司的健康。

为了避免这种慢性毒药侵蚀华为公司，任正非要求华为人发扬“不要脸”精神。任正非说：“把事物暴露在阳光下，有了阳光，什么都温暖了。”因此，在华为，不仅仅要学会自我批评，还要敢于指出别人的缺点和不足。

任正非指出：“面子是无能者维护自己的盾牌。优秀的儿女，追求的是真理，而不是面子。只有‘不要脸’的人，才会成为成功的人。要脱胎换骨成为真人。”华为强调每个人都要做到正人先正己，在批评他人之前，要善于汲取他人的优点，别人提出的意见要虚心接受，不要光想着面子问题。

有一次，一位同事冷不防地对华为员工秦天柱（化名）说：“现在公司有些人对外面的事情几乎不了解，每天就知道华为、华为。对别的公司好在哪里、差在哪里，都有没有一个清醒的认识。”这位同事的话让秦天柱有同感，他意识到，很多华为人将自己封闭得很紧，把自己围在华为这个小小的圈子里，看不到别人的优点，这样下去可不妙。秦天柱觉得，身为华为人肯定知道公司的很多令人称道的地方，可是，如果不保持开放的心态，吸取其他企业的成败经验，个人思想就会钝化和落伍，甚至会失去面对现实和真实问题的敏锐与勇气。

正所谓，“他山之石，可以攻玉”，强调的就是要善于看到别人的优点，借鉴别人的经验教训。因此，我们在强调批评他人的同时，也应该汲取别人的优点，不断提高自己。

为了更好地检讨问题，华为内部开展了攻势凌厉的“批斗文化”。开始，很多华为人都质疑“批斗文化”是否真的有效，他们甚至担心会产生“不成兄弟，反成仇人”的局面。毕竟批评自己容易，当面批评别人却比较难以把握，有时候往往会得罪人。不过，任正非显得非常有信心。

曾在华为工作的汤圣平先生就亲身经历了华为的一次“批斗会”。在整个过程中，汤圣平不仅没有觉得担心，反而为这种“批斗文化”的精彩叫好。

背景：刘某（以下简称“刘”）刚调至杭州办事处任代表，上任不久就听到很多关于办事处存在的问题，他也亲自感受到了一些员工之间的矛盾。在一次季度例会上，他安排了一个民主生活会。

刘：“今天我们大家要好好地谈谈心，把你心中最想说的话给说出来，有问题不能藏着，暴露出来，我们反而容易解决。哪一个先讲？”王利第一个站出来，并开始“发炮”：“我觉得我们客户经理到前线拼命，却得不到行政资源的支持。比如，我跑好几个本地网，却要不到车……”刘：“你还没把最重要的东西说出来，哪一个再上来？”何龙军第二个站了起来，可是，他依然没有说出刘想听到的要害问题。然后，刘说：“还是没讲到点子上，你下去，汤圣平你上来讲讲。你不是前段时间想离开公司吗？有什么想法谈谈！”

汤圣平站了起来，并一口气说了很多，他说：“我有两点要谈。第一点，在分组的讨论会上我也说过，华为公司的激励机制出了问题。公司把老员工的内部股份全部1∶1置换成期权，这样新员工无论如何努力也赶不上老员工，股权是华为的命脉，如果新员工不能获得激励，公司的动力也就不存在了。第二点，我觉得现在的考核和淘汰制度是面对基层员工的，中层干部却能安然无恙，我觉得无论责任在谁，中层干部都要站出来承担责任……我觉得这就是导向。我就说这么多。”

在很多人看来，汤圣平的话似乎已经说到了重点，而且关系到很多资深老员工和中层干部的利益，没有胆量的人是不敢说出来的。不过，刘觉得汤圣平并没有说到重点。他补充说：“汤圣平，你说的还是官话，还是没有把心里话说出来，我帮你说，你和张××的矛盾我是知道的，我前两天和张××谈话，我说你这个人的缺点就是不能包容人。张××辞职时也和我谈到这个问题，我觉得在这一方面张××是有问题的。”

刘的话就像刺刀一样插进别人的心窝，让人听着就难受，不过这就是“批斗会”要达到的效果。“不要脸”的精神就是要指名道姓地“批斗”别人，让人脸面无存。这种结果正是任正非所期望的，在任正非看来，只有“不要脸”才会进步。在华为的民主生活会上一般都有很多人发言，大家都能敞开心扉地把其他人、事、物的意见和看法说出来。事后，没有人会觉得别人批评了自己；相反，每个人都觉得对方说出了心里话，是真诚的，还会心存感激。

有一位产品经理就这样批评了某客户经理：

我觉得现在的客户经理对产品经理一点起码的尊重都没有。一部车，四五个人，客户经理不管不顾就往副驾驶座上一坐，连句客气话都没有，把我们这些老同志全部放在后面。本地网的宿舍分配也是，客户经理不仅有单独的房间，还有一张大床；而我们这些产品经理呢，两个人睡一个小房间。

在客户经理看来，这位产品经理说出了实话，这是一种善意的批判，是有利于一个人未来发展的，因此，客户经理并没有觉得憋气，反而感觉舒畅很多。可以说，华为的批评和检讨文化，在一定程度上改善了组织的气氛，拉近了员工之间的距离。后来，连任正非都欣慰地描述道：

今天，许多人明显感觉到我们与同事共处的时间多于与家人和亲友共处的时间，当我们有条件去选择自己的工作环境时，我们应该选择和同事像兄弟姐妹共同操持一份家业一样操持我们的事业，我们之间没有压迫，没有钩心斗角，没有告密，没有出卖，没有争宠，没有背叛。我们用各自的肩膀弧线支撑，我们亲人般地互相关怀，我们有共同的兴趣、共同的目标，我们愿意在工作之余互相倾诉、互相倾听……

任正非和华为人的坚持，让华为公司和员工都得到了期望的结果。员工通过把各自的主张和诉求通过组织的合理渠道释放出来，让自己更积极地工作；而员工之间的关系也在没有猜忌、隐瞒的气氛中进一步深化，营造了一个更加团结的环境。

用团队的智慧实现改善

不管是在逆境还是顺境中，不管是在解决问题还是在分享喜悦时，没有众人的协作和集体智慧的参与，即使一时成功了也不会长久。任正非说：“一个人不管多聪明，他一生中也只能发出几次智慧的光芒，所有开发人员的光芒聚集起来，华为的未来就很光明。”

2006年，华为在吉林的维护组刚从开发部调来3名新员工，就接到了某地网络故障的报告。客户要求华为人立即前往。由于新员工陈路（化名）在业务上负责支路，于是项目组组长决定让他去现场。

陈路没有任何现场维护经验，当他听说要到客户机房现场定位时很没自信。结果，他好几天都没能整理出清晰的思路来，不仅自己着急，客户也非常失望。

组长看到这种情况，决定帮陈路把问题梳理一遍，随即召集了整个项目组员工。其他的团队成员并没有觉得这是跟自己无关的事情，大家积极参加，纷纷献计献策。大家一起对问题定位，最后形成了一个详细的问题清单。后来，陈路仅仅用了不到两天的时间，就圆满完成了任务，一线还特意发来了表扬信。

任正非非常注重团队智慧的开发，反对华为人单打独斗。任正非在《致新员工书》一文中这样说：“华为是集体，在华为要有团队精神，公司不欢迎那些喜欢单打独斗的人。”

民主讨论在华为是相当常见的，这种团队作战的工作方式不仅可以让团队成员都能参与到活动中，更能够帮助他们利用团队的智慧完成工作。

在华为，很多部门经理的管理方法经常带有现场办公的感觉：发现问题或遇到难题的时候就会叫上相关的人员到他的座位上“开小会”讨论。有时候部门经理会准备一块白板，现场一边讨论一边写，要么他自己安排工作计划给别人，要么由成员自己报工作计划，然后大家会畅所欲言，通过头脑风暴的方式发表自己的看法和意见。最终，一次讨论或者工作安排下来会发现很多问题，而这种集思广益的办法大大地提升了工作效率。

“役其所长，则事无废功”，只要发挥一个人的长处，则凡事不会不成功。因此，作为团队中的一员，我们应该正视自己的不足，并懂得借助团队的力量，发挥出每一个成员各自的优势，这样就能够将很多复杂的问题一一化解。

2009年，重庆电信C网团队在一次修改定时器时，为保证网络质量的稳定，项目组组长姜伟要求其他队员不能做任何操作，他召集所有BSC督导和网优工程师，明确了关键时间机房操作制度。很多成员提出在网管上的查询操作对于网络运行不会有任何影响，但姜伟反驳道，在关键时刻要杜绝一切可能性，谁都无法保证工程师不失误。对于影响网络质量的问题，无线工程师和网优工程师就设备问题还是网络优化问题展开了激烈辩论，最后制定出了测试方案，发现了问题，并推动客户解决了问题。

项目攻关期间，这样的争论有很多，每一次的碰撞都能摩擦出新的思路或解决方案，也会让问题浮出水面。就这样，仅两个多月时间，重庆电信C网质量攻关目标便已达成。事后，他们仍然是好兄弟，一起举杯相庆。

华为人争论的目的是为了更好地解决问题，达成个人和团队目标。虽然说华为人勇于争论，但绝不会鲁莽行事。在争论中，每个人都能够理性客观，做到就事论事。

路由器的单板以复杂度高著称，设计难度非常大。华为硬件部门负责400G线路板的开发工作，新的单板被要求保持与之前单板相同的面积，开发难度倍增。在单板开发项目初期，项目组成员就遇到了人力和进度方面的双重挑战。硬件部门紧急召开研讨会，把会议地点设在茶馆里。在交流中，有位项目经理指出可尝试多人同时开发几块单板，以提高开发效率。随着讨论的深入，“群开发模式”这一全新的开发模式被确定下来。他们随即组建了一个项目组，先分工设计单板模块，再将所有模块在单板上集成。实践证明，这是一种成功的开发模式。

项目组为了克服沟通上的障碍，多次将重要研讨会议设在茶馆里，让大家彼此放松，减少对抗心理，保障了沟通效果。无意间，很多难题都迎刃而解。

华为的学习对象丰田公司也十分重视用团队的智慧实现改善。他们认为：“好的改善活动，如果没有大家的协作是搞不好的。如果没有他人的帮助，哪怕我的工作成果得了100分，实际上也只不过值50分。有了团队的积极参与和协作，得出的成果才能是100分。”

丰田人对于民主讨论会的追求是：每个人都能够尽情展示自己，说出自己的想法，哪怕想法是错误的。为此，丰田还推行合理化提议制度，就是要利用团队的力量实现持续不断的改善。

因此，我们要重视团队的智慧，并引导员工积极地说出自己的想法。对于好的建议，我们要接受；对于不好的建议，我们也要肯定对方的努力，以激发员工参与的积极性。

总结，总结，再总结

华为员工的工作效率之所以比一般企业员工高，就在于他们十分重视总结。将工作中吸取的经验和教训立即应用到下一步的工作中，就是事后回顾价值最大的地方。任正非极力推崇要在事后回顾，他曾用这样一段话鼓励华为人通过事后回顾，获得改善。

在任正非的要求下，无论项目大小，华为人都不会忘记总结经验教训，巩固成果。他们会针对每个项目制定相关的指标，并根据指标进行评估和验收；此外，他们还非常重视关于项目的文件整理，各个阶段的文档都要整理归档，以实现可追溯性，并总结经验教训、养成严谨的工作习惯。

2004年，GTS部门成立了咨询团队，开始为客户提供网络咨询解决方案。老邓作为流程专家，成为咨询团队的核心成员。刚开始做一个项目的时候，老邓信心满满，但是在与客户沟通及路演时，才发现客户的要求高、标准严。老邓感慨，原来自己从咨询顾问那里学来的知识十分有限，是不可能做好咨询工作的。老邓只好重新审视顾问给自己的材料，一边审视一边研究，一边开发一边交付。这个项目给老邓很大触动，使他在后来的工作中更加注意思考、积累和总结。

2005年，GTS部门负责E2E流程推行。当时，项目组成员分散在各大片区，老邓则在机关坐镇。在这种条件下，老邓充分利用例会平台把优秀的经验快速推广出去，同时要求分散在各大片区的项目组成员坚持写阶段总结。起初，大家都表示不理解，认为这既浪费时间，也没有什么实际意义。但是随着项目的深入推行，项目组向各相关部门进行汇报的次数越来越多。这时，大家才发现自己平时所归纳总结的内容发挥了很大的作用，无论向谁汇报，都能从自己所写的总结中抽出相关内容，从容汇报。此外，在其他项目中，大家也经常用到这次总结的经验。

如果我们平时就注重分析和思考，到了用的时候就不会临渴掘井。任正非在一次高层会议上提问："我的水平为什么比你们高？"大家回答不知道。任正非说："因为我从每一件事情（成功或失败）中，都能比你们多体悟一点点东西，事情做多了，水平自然就提高了。"

华为的《管理优化》曾刊登了一篇题为《珍惜数据》的文章，阐述了经验和数据积累的必要性：

2000年11月16日，中试工艺试验中心请维护事业部协助给出所处理的失效产品中，因环境因素导致的产品失效占所有失效产品的比例，并且希望给出具体数据。由于平时没有收集这方面数据的习惯，所以无法提供满足要求的数据。这些本该收集的数据白白地流失了。

从这段话中，我们可以看出，如果能够更好地利用好自己的经验，建立良好的反馈机制、解决机制，企业的例外事件就会越来越少，流程就会越来越顺畅，效率也会越来越高。

谢智斌是华为6级专家，具备丰富的项目交付经验，荣获“2013年度GTS全球专业技术领军人物奖”。作为一名老兵，谢智斌十几年来在技术的道路上一直坚持“学习、实践、总结”。2010年他进入挪威项目，最重要的工作就是寻找能够降低出错概率的流程、方法和工具，将其纳入技术方案，并以技术方案为载体不断总结经验，形成问题处理的标准动作。

2011年6月，谢智斌在3MS社区创建全球网规网优团队，与全球网规网优人员分享项目交付的技术经验。目前，该社区成员已超过3000人，总访问量超过35万。与此同时，谢智斌还建立了3个espace技术交流群，适时解决关于技术、工具、资料、流程等方面的问题。目前，谢智斌的社区和交流群已成为华为全球网规网优人员分享经验、提升能力的重要平台。

我们说，一个人的经验总结只有转化为团队的资产，才能真正被传承和发扬下去，就像谢智斌那样。

我们以任正非的一句话来收尾：“一个不善于总结的公司会有什么前途？个人不也是如此吗？”

参考文献

[1] 黄卫伟．以奋斗者为本：华为公司人力资源管理纲要［M］．北京：中信出版社，2014．

[2] 黄卫伟．以客户为中心：华为公司业务管理纲要［M］．北京：中信出版社，2016．

[3] 田涛，殷志峰．枪林弹雨中成长［M］．北京：生活·读书·新知三联书店，2016．

[4] 田涛，殷志峰．厚积薄发［M］．北京：生活·读书·新知三联书店，2017．

[5] 杨少龙．华为靠什么：任正非创业史与华为成长揭秘［M］．北京：中信出版社，2014．

[6] 田涛，吴春波．下一个倒下的会不会是华为［M］．北京：中信出版社，2012．

[7] 汤圣平．走出华为［M］．北京：中国社会科学出版社，2004．

[8] 张利华．华为研发［M］．3版．北京：机械工业出版社，2017．

[9] 程东升，程海燕．任正非管理日志［M］．北京：中信出版社，2008．

[10] 张继辰，文丽颜．华为人力资源管理［M］．3版．深圳：海天出版社，2012．

[11] 吴春波．华为没有秘密［M］．北京：中信出版社，2016．

[12] 周留征．华为哲学：任正非的企业之道［M］．北京：机械工业出版社，2015．

[13] 李玉琢．一路直行：我的企业理想［M］．北京：当代中国出版社，2013．

[14] 刘劲松，胡必刚．华为能，你也能：IPD重构产品研发［M］．北京：北京大学出版社，2015．

[15] 王永德．狼性管理在华为［M］．武汉：武汉大学出版社，2012．

[16] 刘世英，彭征明．华为教父任正非［M］．北京：中信出版社，2008．

[17] 李信忠．华为的思维：解读任正非企业家精神和领导力 DNA［M］．北京：东方出版社，2007.
[18] 程东升，朱月容．任正非如是说：中国杰出 CEO 的管理智慧［M］．杭州：浙江大学出版社，2008.
[19] 周君藏．任正非这个人［M］．北京：中信出版社，2011.
[20]（美）哈罗德·孔茨等．管理学：国际化与领导力的视角［M］．马春光，译．9 版．北京：中国人民大学出版社，2014.
[21]（美）彼得·德鲁克．成果管理［M］．朱雁冰，译．北京：机械工业出版社，2009.
[22]（美）艾森·拉塞尔．麦肯锡方法［M］．北京：机械工业出版社，2010.
[23]（日）大前研一．专业主义［M］．裴立杰，译．北京：中信出版社，2015.
[24]（日）大岛祥誉．麦肯锡工作法［M］．王柏静，译．北京：中信出版社，2014.
[25]（美）斯蒂芬·P．罗宾斯等．管理学：原理与实践［M］．毛蕴诗，译．9 版．北京：机械工业出版社，2015.
[26]（美）马歇尔·戈德史密斯等．领导力教练［M］．徐中，等译．北京：机械工业出版社，2013.
[27]（美）詹姆斯·M．库泽斯等．领导力：如何在组织中成就卓越［M］．徐中，等译．5 版．北京：电子工业出版社，2013.
[28]（美）大卫·V．戴等．领导力的本质［M］．林嵩，徐中，译．2 版．北京：北京大学出版社，2015.
[29]（美）理查德·L．哈格斯等．领导学：在实践中提升领导力［M］．朱舟，译．8 版．北京：机械工业出版社，2016.
[30]（美）博恩·崔西．时间力［M］．王月盈，译．北京：东方出版社，2009.